O Trabalho na Era Digital

O Trabalho na Era Digital

ESTUDOS LABORAIS

2021

Glória Rebelo

Licenciada e Mestre em Direito pela Faculdade de Direito da Universidade de Lisboa e Doutora em Sociologia Económica e das Organizações pelo ISEG- Lisbon School of Economics & Management.
Professora Universitária e Investigadora.

ALMEDINA

O TRABALHO NA ERA DIGITAL – ESTUDOS LABORAIS
AUTOR
Glória Rebelo
EDITOR
EDIÇÕES ALMEDINA, S.A.
Rua Fernandes Tomás, nºs 76, 78 e 80
3000-167 Coimbra
Tel.: 239 851 904 · Fax: 239 851 901
www.almedina.net · editora@almedina.net
DESIGN DE CAPA
FBA.
CAPA
EDIÇÕES ALMEDINA, S.A.
PRÉ-IMPRESSÃO
EDIÇÕES ALMEDINA, S.A.
IMPRESSÃO E ACABAMENTO

Março, 2021
DEPÓSITO LEGAL
....

ISBN: 978-972-40-9260-7

ALMEDINA | GRUPOALMEDINA

Aos meus filhos, António, Pedro e João.

ÍNDICE

I PARTE

II PARTE

ÍNDICE DE ABREVIATURAS

AAVV	Autores vários
ACT	Autoridade para as Condições de Trabalho
al.	alínea
CE	Comissão Europeia
CRP	Constituição da República Portuguesa
CT	Código do Trabalho
EUA	Estados Unidos da América
GEP	Gabinete de Estratégia e Planeamento
GRH	Gestão de Recursos Humanos
I&D	Investigação e Desenvolvimento
i.e.	isto é
n.º	número
OCDE	Organização para a Cooperação e Desenvolvimento Económico
OIT	Organização Internacional do Trabalho
ONU	Organização das Nações Unidas
p.p.	pontos percentuais
PIB	Produto Interno Bruto
PME	Pequenas e Médias Empresas
TIC	Tecnologias de Informação e Comunicação
UE	União Europeia

INTRODUÇÃO

A presente obra "O Trabalho na Era Digital - Estudos Laborais" reúne um conjunto de estudos laborais sobre Emprego e Inovação, Direito do Trabalho e Gestão de Recursos Humanos, publicados quer no *Boletim da Ordem dos Advogados* quer nas revistas *Dirigir, Formar* e *Dirigir & Formar* do Instituto de Emprego e Formação Profissional, ao longo de quase 15 anos, textos agora revistos e actualizados no presente livro. Apoiados numa análise de âmbito nacional e internacional, estes escritos apresentam também um conjunto de reflexões prospectivas sobre alguns dos mais significativos desafios do trabalho na era digital.

Em Portugal, a Resolução do Conselho de Ministros n.º 30/2020, de 21 de Abril (e que substitui a Agenda Portugal Digital, aprovada pela Resolução do Conselho de Ministros n.º 112/2012, de 31 de Dezembro), criou um Plano de Acção para a Transição Digital. Este Plano considera a transição digital como um dos instrumentos essenciais da estratégia de desenvolvimento, de acordo com os objectivos políticos que orientarão os investimentos da União Europeia no período de programação 2021-2027, em conformidade com o novo quadro da política de coesão. Como refere esta Resolução, "as novas tecnologias digitais, como os sistemas de inteligência artificial, a tecnologia 5G, a computação em nuvem e de proximidade e a Internet das coisas, constituem-se, no seu conjunto, como um dos principais alicerces da transição energética da economia, em particular dos sectores industriais estratégicos para Portugal e do seu tecido empresarial". Menciona ainda este documento que o Plano de Acção para a Transição Digital assenta em três grandes pilares de actuação: a capacitação e inclusão digital das pessoas; a transformação digital do tecido empresarial; e a digitalização do Estado. E desenvolve, de forma integrada, um conjunto de medidas que procuram articular as diversas sinergias e políticas sectoriais. Depois, a Resolução estabelece as seguintes medidas a implementar: Programa de Digitalização para as Escolas; Programa de formação intensiva e especializada na área digital de três mil profissionais - UpSkill; Programa de Inclusão Digital de um milhão de adultos; Tarifa social de acesso a serviços de Internet; Programa e-Residency; Promoção das Zonas Livres Tecnológicas através da criação de regimes regulatórios especiais; Programa da Capacitação Digital de PMEs no Interior +CO3SO Digital; Digital Innovation Hubs para o Empreendedorismo; Digitalização dos vinte e cinco serviços públicos mais utilizados pelos cidadãos e pelas empresas; Aumento da oferta e tradução de serviços digitais de interesse à internacionalização no ePortugal; Estratégia Cloud para a Administração Pública; Simplificação da contratação de serviços de tecnologias de informação e comunicação pela Administração Pública.

Na era digital, e na sociedade da informação e do conhecimento, os trabalhadores serão, cada vez mais, os "trabalhadores do conhecimento" e isso altera o modelo de relações laborais que dominou a maior parte do século XX. As dinâmicas de trabalho que se vão estabelecendo são complexas, o que torna desafiante perceber em que medida mudam os padrões de vida.

Diversos estudos têm reconhecido, nas últimas três décadas, que a gestão do trabalho – no que diz respeito ao tempo e ao local de trabalho – tem sido marcada pela crescente flexibilidade das empresas.

As temáticas do tempo de trabalho, por exemplo, têm sido centrais para a investigação social, no sentido de promover conhecimentos que possam influenciar na elaboração de políticas públicas. Desde o início deste século, o tempo de trabalho tornou-se um dos principais elementos das políticas de emprego europeias, porque o tempo pode ser um elemento estruturante da organização do trabalho. Além disso, a par da gestão do tempo de trabalho, também a gestão do local de trabalho impacta directamente com os interesses privados (equilíbrio entre vida pessoal e profissional) e os direitos à saúde do trabalhador.

Portanto, a reorganização do trabalho tem estado em foco e as empresas são cada vez mais confrontadas com a gestão da conciliação entre trabalho e vida privada pessoal e familiar (particularmente com questões como a maternidade, cuidado infantil, assistência a idosos) e, nessa medida – pelo menos teoricamente – as políticas de gestão do tempo de trabalho devem estar concebidas para atenuar os conflitos entre trabalho e família, permitindo aos trabalhadores viver estas realidades em paralelo.

Deste modo, o conteúdo do trabalho mudou substancialmente nestas décadas e a par da flexibilidade do mercado de trabalho, as questões do tempo e do local de trabalho assumiram especial centralidade nas políticas de emprego europeias, através de legislação concebida com o objectivo de melhorar as condições de trabalho e a saúde e segurança dos trabalhadores.

Simultaneamente, novos desafios vão transformando a relação entre trabalho e vida, como a mudança tecnológica. Em matéria da organização do tempo de trabalho, a história da regulação laboral – legal e convencional – mostra que o propósito de redução dos tempos de trabalho tem sido um sinal progressista de desenvolvimento das condições de trabalho, tanto mais que se entende que, em nome do princípio da dignidade pessoal e social, a prestação de trabalho deve permitir conciliar a vida pessoal e familiar com o trabalho e que se trata de uma exigência de protecção da saúde e segurança das pessoas que trabalham.

Ora, o progresso social e o bem-estar social andam associados à promoção da melhoria das condições de trabalho, com vista a uma vida social condigna. E, neste aspecto, é crucial atentar na evolução média do período normal de trabalho, já que a organização do tempo de trabalho tem repercussões, inevitáveis, no direito à vida pessoal e familiar e no direito ao repouso dos trabalhadores. Especificamente, o trabalho móvel baseado em tecnologia digital conduz a práticas de trabalho e a horários de trabalho mais flexíveis. No entanto, essa capacidade de trabalhar em qualquer lugar e a qualquer momento pode levar a uma maior intensificação do trabalho. Importa, assim, questionar o movimento que contraria as teorias do economista John Maynard Keynes que previu, em 1918, que a mudança tecnológica em cem anos substituísse o trabalho e que, pela primeira vez, a humanidade se confrontasse com um problema: saber como usar a liberdade proporcionada por este progresso tecnológico. E, como venho alertando, numa sociedade envelhecida como a portuguesa, estamos a criar um paradoxo, pois como se pode pretender implementar políticas orientadas para a natalidade, aumentando os períodos normais de trabalho?

Num ambiente de aumento da competitividade empresarial e de acelerada mudança tecnológica, as empresas são impelidas a explorar todas as potencialidades em matéria de produtividade e de eficácia, para um consequente êxito económico. E enquanto forma de organizar o trabalho, o teletrabalho ilustra bem as mudanças laborais em curso. Em Portugal, acolhido desde 2003, o teletrabalho juridicamente subordinado está definido de forma ampla, abrangendo a prestação laboral realizada habitualmente fora da empresa e através de recurso a tecnologias de informação e comunicação, possibilitando modalidades diversas. Desde então, o regime jurídico do teletrabalho manteve-se praticamente inalterado, apenas com ligeiras alterações em 2015.

Recentemente, na sequência da pandemia pelo SARS-CoV-2, em Portugal foram aprovadas um conjunto de medidas extraordinárias destinadas não apenas a prevenir o elevado risco de contágio da doença, como também a mitigar os seus impactos socioeconómicos. E a declaração do estado de emergência incindiu, designadamente, sobre a matéria do exercício de funções profissionais a partir do domicílio, estabelecendo uma medida excepcional e temporária de protecção dos postos de trabalho, tornando obrigatória a adopção do regime de teletrabalho, independentemente do vínculo laboral, sempre que as funções em causa o permitissem. A verdade é que esta pandemia acelerou, consideravelmente, a transição para a sociedade digital. Como referiremos neste livro, a questão que se coloca, ante alguma incerteza na evolução da doença, é a de saber se regressarão as dinâmicas organizativas tradicionais e a lógica presencial nos locais de trabalho.

Estes são alguns dos importantes desafios colocados ao legislador nesta era digital.

Daí que se exija uma constante atenção à regulação do trabalho na era digital. Como realçaremos nesta obra, na actual era digital é preciso evitar que se acentue a segmentação no trabalho e, assim, se crie uma sociedade mais desigual, tornando-se necessário antecipar um modelo de desenvolvimento social e laboral que tente integrar todos, assegurando que a digitalização signifique progresso social, designadamente, partilhando o tempo de trabalho e reduzindo os tempos de trabalho, criando emprego e proporcionando boas condições de trabalho, assim melhorando as condições de vida da generalidade das pessoas.

Lisboa, Janeiro de 2021

Glória Rebelo

I PARTE

1. O TRABALHO NA ERA DIGITAL[1]

1. 1. O desafio de responder à segmentação do mercado de trabalho

Nas últimas três décadas, a dinâmica do progresso tecnológico tem vindo a impor a necessidade de revisão dos sistemas organizacionais na nossa sociedade (Supiot, 1999; Castels, 2003; Rebelo, 2003; Supiot, 2015; Supiot, 2016). As tecnologias digitais tornaram-se essenciais no trabalho e em ambiente de aumento crescente da competitividade, as empresas confrontam-se com a necessidade de explorar todas as potencialidades em matéria de produtividade (Comissão Europeia, 2010), pelo que a capacidade de proceder a reestruturações estruturais (na organização ou na actividade) torna-se condição importante para um consequente êxito económico. Em particular, ao nível da gestão do tempo de trabalho e da gestão do local de trabalho. Assim, o trabalho na era digital representa um desafio ao legislador, uma vez que a nova economia assenta numa forte mudança tecnológica que alterará a forma como vivemos, trabalhamos e nos relacionamos, gerando novas formas de emprego e novas formas de organizar o tempo e o local de trabalho (Gaudu, 2006; GEP-MTSSS, 2016; EurWORK, 2017; Rebelo, 2018; Rebelo, 2019).

A digitalização da economia gerará, por um lado, o aumento da procura de trabalhadores com criatividade e capacidade de tomada de decisão, bem como conhecimentos técnicos e em Tecnologias de Informação e Comunicação

[1] Texto revisto e adaptado de artigo publicado sob o título "O Trabalho na Era Digital: Que Desafios?", no *Boletim da Ordem dos Advogados*, edição n.º 24, em Setembro 2019, Ordem dos Advogados.

(TIC). E se se antevê que os empregos altamente qualificados – que envolvem competências analíticas ou de gestão e exigem responsabilidades – sejam os mais procurados, porque difíceis de substituir por máquinas ou computadores, os trabalhadores com níveis de competências baixas correm maior risco de se tornarem substituíveis, a menos que sejam sujeitos a reconversão profissional.

No estudo *Living and working in Europe 2015-2018*, o Eurofound retrata nove novas formas de emprego, que anunciam um novo padrão de emprego, isto é, formas de executar o trabalho caracterizadas pelo recurso a tecnologias digitais e pela possibilidade de o trabalho poder ser prestado a partir de qualquer local ea qualquer hora (Eurofound, 2019). Ora, as múltiplas modalidades de contratos de trabalho e a crescente flexibilidade na organização do tempo de trabalho e dos locais de trabalho gerarão formas de emprego mais frágeis do ponto de vista social e, muito provavelmente, um agravamento da segmentação do mercado de trabalho. Uma situação com inconvenientes sociais, sobretudo ao nível do aumento das desigualdades sociais. Acresce que o trabalho na economia digital repousará na concepção de "trabalhador móvel", o que alterará muito do entendimento tradicional acerca do exercício da actividade laboral, com consequências diversas, quer porque ao conferir mais autonomia pode abrir novas oportunidades para muitos trabalhadores quer porque, em contrapartida, poderá vir a deteriorar a qualidade do trabalho, amplificando a insegurança no emprego, fazendo aumentar o número de trabalhadores com horários irregulares, remunerações variáveis e baixas, ou reduzindo a sua protecção social (OECD, 2013).

Perante este cenário, será essencial assegurar uma regulação do trabalho (legal e/ou convencional, no plano da contratação colectiva) que promova um conjunto de equilíbrios sociais imprescindíveis e assevere um desenvolvimento sustentável, nomeadamente, garantindo estabilidade contratual e salarial, segurança e saúde no trabalho, pois para obter os benefícios plenos desta "era digital", as empresas precisarão investir não só em tecnologias e em equipamento mas também em boas condições de trabalho.

1.2. Desafios na gestão do tempo de trabalho e do local de trabalho

Como se sabe, nesta era digital estamos ante uma "nova cultura do emprego", sendo que as alterações na estrutura da relação empregador-trabalhador apresentarão uma tendência para a redução do número de trabalhadores nas organizações e consequente supressão de emprego. Nesta medida, a forma como for gerida a organização do tempo de trabalho e do local de trabalho será crucial para responder aos desafios da digitalização.

E se o trabalho na economia digital estará associado a uma precarização das condições de trabalho para muitos trabalhadores – ao nível da formação, segurança e saúde no trabalho e um maior isolamento – será essencial assegurar a promoção de boas condições de trabalho, considerando a estimada acrescida flexibilidade geográfica e de tempo de trabalho e um eventual aumento das dificuldades na compatibilização entre a actividade profissional e a vida pessoal e/ou familiar dos trabalhadores.

Ao nível da gestão do tempo de trabalho importará referir que a automação dos processos de produção, a transmissão de dados sobre um produto à medida que passa pela cadeia de produção e o uso de robots configuráveis significa que uma variedade de diferentes produtos podem ser produzidos na mesma unidade de produção. E esta capacidade de responder rapidamente às exigências variáveis de produção (devido à capacidade de configurar rapidamente máquinas para se adaptarem às especificações exigidas pelos clientes), aumentando a produtividade empresarial, exigirá mais flexibilidade ao nível da organização do tempo de trabalho.

Na União Europeia (UE), sob o impulso da Comissão Europeia, a problemática da reorganização do trabalho progrediu consideravelmente nas últimas três décadas, estando em foco a redução do tempo de trabalho, nalguns países europeus, especialmente nos países do norte da Europa, na Holanda e na Alemanha. Contudo a evolução no domínio da organização do tempo de trabalho nos países europeus revelou um duplo movimento: se, por um lado, se constatam avanços significativos em muitos países na redução do período normal de trabalho para as 35 horas semanais, por outro lado, noutros países (no qual se inclui Portugal) assistimos a um desenvolvimento de medidas de flexibilidade que conduziram, em muitos casos a um aumento médio do período normal de trabalho, mediante modalidades de flexibilidade múltiplas que permitem um aumento do período normal de trabalho convencionado, como é o caso do "banco de horas" (Rebelo, 2014).

De acordo com a OCDE, Portugal faz parte do grupo de países que mais sofreu as "sequelas sociais" da crise internacional de 2008, acima de tudo pela ampliação dos períodos normais de trabalho muito longos (de 50 ou mais horas semanais), que quase duplicou junto da população entre 2009 e 2013. Segundo a OCDE, em 2018 Portugal era um país com uma das mais elevadas médias anuais de horas trabalhadas, com uma média anual de 1722 horas (face a 1363 horas na Alemanha, por exemplo). Ora, foi no sentido de antecipar os efeitos da mudança exigida pelo aumento da digitalização no trabalho, que – na Alemanha – o *Livro Branco sobre o Tempo de Trabalho 4.0*, publicado em 2016, prevê que os parceiros sociais desenvolvam a negociação colectiva sobre tempo de trabalho, por forma a facilitar a transição para esta nova revolução industrial, reduzindo o período normal de trabalho nalguns sectores e identificando novas formas de organização do tempo de trabalho que, permitindo trabalho flexível, respeitem a conciliação da vida profissional com a vida pessoal e familiar e não prejudiquem a saúde dostrabalhadores (EurWORK, 2017).

Já ao nível da gestão do local de trabalho, cabe salientar a importância do teletrabalho, que se apresenta como uma inovadora forma de organizar o trabalho e cuja característica principal é a de estabelecer entre empregador e trabalhador um conjunto de relações laborais à distância e asseguradas por TIC. Sendo uma forma de trabalho apoiada nas TIC, com o teletrabalho criaram-se novas exigências organizacionais (Rebelo, 2004) e a emergência (e expansão) desta forma de trabalho insere-se num movimento internacional de flexibilização do trabalho que associou a organização laboral ao desenvolvimento de competências individuais e organizacionais. Acresce que o teletrabalho, enquanto forma de trabalho, representa um importante instrumento de Gestão de Recursos Humanos no âmbito da Sociedade da Informação, pois enquanto forma de organizar o trabalho, é uma desafiante modalidade de contrato de trabalho no que respeita à própria reconfiguração do tradicional exercício do poder de direcção do empregador. Lança, por isso, importantes desafios, na concepção de subordinação jurídica própria das relações entre trabalho subordinado (de recordar que, em 2003, o Código do Trabalho veio consagrar expressamente o teletrabalho enquanto contrato de trabalho) pois, sendo esta forma de organizar o trabalho viável também no plano do trabalho independente, o teletrabalho perspectiva, no seu exercício, uma resposta às novas necessidades produtivas das empresas particularmente específica.

1.3. Considerações finais

Se o trabalho na nova economia digital está geralmente associado a uma maior imprevisibilidade e a uma precarização das condições de trabalho será essencial, por um lado, assegurar a promoção de boas condições de trabalho, considerando a estimada acrescida flexibilidade geográfica e de tempo de trabalho, e um eventual aumento das dificuldades na compatibilização entre a actividade profissional e a vida pessoal e/ou familiar dos trabalhadores. Por outro lado, é preciso evitar um aumento da segmentação no trabalho e, deste modo, uma sociedade mais desigual, pelo que importa antecipar um modelo de desenvolvimento para a empregabilidade digital que seja inclusivo, que tente integrar todos, pois é imprescindível garantir que o "trabalho na era digital" signifique progresso social.

Referências

Castells, M. (2003), *The Internet Galaxy – Reflections on the Internet, Business, and Society*. Oxford, Oxford University Press.

Comissão Europeia (2010), *Uma Agenda Digital para a Europa*. Comunicação da Comissão Europeia ao Parlamento Europeu, ao Conselho, ao Comité Económico e Social Europeu e ao Comité das Regiões, COM (2010) 245 final/2, Bruxelas.

GEP-MTSSS (2016), *Livro Verde sobre as Relações Laborais*. Lisboa, MTSSS.

Eurofound (2019), *Living and working in Europe 2015-2018*. Publications Office of the European Union, Luxembourg.

EurWORK (2017), *Germany: Working time back on the social partners' agenda* (disponível em https://www.eurofound.europa.eu/publications/article/2017/germany-working-time-back-on-the-social-partners-agenda)

Gaudu, F. (2006), "Libéralisation des marchés et droit du travail". *Droit social* n.º 5: 505-513.

OECD (2013), *Measuring the Internet Economy: A Contribution to the Research Agenda*. Paris, OECD Digital Economy Papers, n.º 226.

OECD (2017), *How's Life? 2017 – Measuring well-being*. Paris, OCDE.

Rebelo, G. (2003), *Emprego e Contratação Laboral em Portugal – Uma Análise Socioeconómica e Jurídica*. Lisboa, EditoraRH.

Rebelo, G. (2004), *Teletrabalho e Privacidade – Contributos e Desafios para o Direito do Trabalho*. Lisboa, EditoraRH.

Rebelo, G. (2014), "Do banco de horas individual". In Reis, J., Leal Amado, Liberal Fernandes, Redinha, R. (coordenação), *Para Jorge Leite – Escritos jurídico-laborais* – Volume 1, Coimbra, Coimbra Editora, pp.799-818.

Rebelo, G. (2017a), "Trabalho e Economia Digital: que desafios?". In *Trabalho, Emprego e Segurança Social – Transformações e Desafios*. Lisboa, Edições Sílabo: 211-219.

Rebelo, G. (2017b), *Trabalho, Emprego e Segurança Social – Transformações e Desafios*. Lisboa, Edições Sílabo.

Rebelo, G. (2019), *Estudos de Direito do Trabalho*. Lisboa, Edições Sílabo.

Rebelo, G., Simões. E e Salavisa, I. (2020), "Working time and digital transition: a complex and ambiguous relationship". Proceedings of the 2nd European Conference on the Impact of Artificial Intelligence and Robotics (disponível em https ://www.dropbox.com/sh/ogbsg8d19xlclgx/AAAcCYAcUekgupLEgo9dUfka? dl=0&preview=ECIAIR%20 2020%20Proceedings.pdf&fbclid=IwAR1hXJDYS4Pp-PLmtox67_65KCB0iPG0evj.)

Supiot, A. (1999), *Au-delà de l'emploi. Transformations du travail et devenir du droit du travail en Europe*. Paris, Flammarion.

Supiot, A. (2015), *L'Entreprise Dans Un Monde Sans Frontières – Perspectives Économiques et Juridiques*. Paris, Dalloz.

Supiot, A. (2016), *Au-delà de l'emploi* (Nouvelle édition). Paris, Flammarion.

2. O TELETRABALHO NA ERA DIGITAL[2]

2.1. A pandemia Covid-19 como acelerador da transição digital

Num ambiente de aumento crescente da competitividade e de acelerada mudança tecnológica, as empresas vêem-se obrigadas a explorar todas as potencialidades em matéria de produtividade e de eficácia, pelo que a capacidade de proceder a adaptações torna-se numa condição importante para um consequente êxito económico (Rebelo, 2005; Eurofound, 2020). O teletrabalho insere-se num movimento internacional de flexibilização do trabalho que associa a organização laboral ao desenvolvimento das competências (individuais e organizacionais), possibilitando também a criação de mecanismos de comunicação (OCDE, 1995; OCDE, 2012; Eurofound 2020).

O relatório *Working anytime anywhere: The effects on the world of work* (Eurofound and the International Labour Office, 2017) sublinha que o crescimento do recurso ao teletrabalho tem sido impulsionado pela procura, por parte das empresas, de melhor desempenho e produtividade e que está associado à busca de processos de trabalho mais eficientes e que proporcionem maior economia de tempo (em virtude da redução dos tempos de deslocação). Além do mais, conforme sugere este relatório, o crescimento do teletrabalho também foi impulsionado pelo desenvolvimento de novos modelos de negócios, como as plataformas digitais, assim como pelo desejo de ajudar os trabalhadores

[2] Texto revisto e adaptado de artigo publicado sob o título "O teletrabalho e a transição digital", no *Boletim da Ordem dos Advogados,* edição n.º 30/31, em Setembro 2020, Ordem dos Advogados.

a equilibrar as exigências de trabalho com responsabilidades familiares e pessoais (Eurofound, 2020).

Enquanto forma de organizar o teletrabalho ilustra bem as mudanças laborais em curso (Rebelo, 2019a), o que leva a inúmeras questões que se prendem com a ideia de trabalhar à distância. Em Portugal, acolhido desde 2003, o teletrabalho juridicamente subordinado está definido de forma ampla, abrangendo a prestação laboral realizada habitualmente fora da empresa e através de recurso a TIC (artigo 165.º do Código do Trabalho). Aprovado pela Lei n.º 99/2003, o Código do Trabalho veio, assim, consagrar os resultados do Acordo-Quadro Europeu sobre Teletrabalho, de 2002 (Rebelo, 2004b), sendo o regime do teletrabalho amplo (Rebelo, 2004a), possibilitando modalidades diversas, realizado a partir de telecentros, a partir do domicílio ou o teletrabalho itinerante. Desde então, o regime jurídico do teletrabalho manteve-se praticamente inalterado, apenas com ligeiras alterações em 2015 (Rebelo, 2019b). Sendo uma forma de trabalho apoiada nas TIC, com o teletrabalho criam-se novas exigências laborais, nomeadamente ao nível da gestão do tempo e do local de trabalho (Rebelo, 2017).

Recentemente, na sequência da declaração por parte da Organização Mundial de Saúde da situação de pandemia internacional em Março último, em Portugal foram aprovadas um conjunto de medidas extraordinárias destinadas não apenas a prevenir o elevado risco de contágio da doença, como também a mitigar os seus impactos socioeconómicos. E, a execução da declaração do estado de emergência incindiu, designadamente, sobre a matéria do exercício de funções profissionais a partir do domicílio, estabelecendo uma medida excepcional e temporária de protecção dos postos de trabalho, tornando obrigatória a adopção do regime de teletrabalho, independentemente do vínculo laboral, sempre que as funções em causa o permitissem.

A verdade é que, o confinamento imposto pela pandemia acelerou, inevitavelmente, a transição para a sociedade digital, uma vez que o teletrabalho chegou de forma repentina à vida de muitos milhões de europeus.

2.2. O recurso ao teletrabalho no contexto da pandemia Covid-19

A questão que se coloca é a de saber, ante alguma incerteza na evolução da doença, é a de saber se regressarão as dinâmicas organizativas tradicionais, e a lógica presencial nos locais de trabalho. Importa aprender com esta experiência a nível da organização. É que, como têm alertado alguns especialistas, novos surtos desta doença, ou idênticas pandemias, podem vir a repetir-se a curto prazo, pelo que importa preparar essas situações, adoptando em prol da defesa da saúde pública, uma estratégia preventiva. Desde logo, atendendo ao direito à prestação do trabalho em condições de segurança e saúde no trabalho, sobretudo em ambientes fechados, onde o risco de contágio é muito superior à que ocorre em espaços abertos. Nesta medida, o teletrabalho será uma boa alternativa para executar trabalho, salvaguardando a saúde dos trabalhadores e evitando uma paralisia da actividade económica.

Os resultados de um inquérito promovido pela Confederação Empresarial de Portugal junto das associações que a integram, divulgado a 1 de Junho de 2020 (Confederação Empresarial de Portugal, 2020), mostram que 52% das empresas que adoptou o teletrabalho, no quadro das medidas de prevenção da Covid-19, tenciona manter esta solução de forma permanente. Este inquérito indica que o recurso ao teletrabalho foi muito significativo pois 92% das empresas que podiam recorrer ao teletrabalho o fez, embora a maioria o tenha feito de forma parcial. Acresce que o estudo revela que as empresas se sentem, em geral, confortáveis com o recurso ao regime de teletrabalho previsto no Código do Trabalho. Também um estudo recente da OIT sobre o impacto desta pandemia em Portugal evidencia que se vive uma situação laboral inédita no país e que embora algumas dessas transformações sejam transitórias, outras podem persistir, sendo a generalização do teletrabalho a mais óbvia (OIT, 2020).

2.3. Considerações finais

Num contexto de expansão do trabalho digital, o teletrabalho é amplamente exercido na Europa, principalmente nos países nórdicos. Mas em Portugal a incidência do teletrabalho é ainda residual e difícil de estimar, sobretudo atendendo ao facto de ser exercido mediante fórmulas mistas em que o trabalhador subordinado em regime de contrato de trabalho comum exerce, em semanas alternadas, teletrabalho no domicílio.

Torna-se, assim, urgente que esta clarificação seja feita. Depois, outro dos principais problemas associados à adopção deste regime está relacionado com o facto de o teletrabalho no domicílio ou itinerante não permitir o fácil controlo da prestação de trabalho por parte do empregador, assim como com as dificuldades sentidas na actividade de inspecção no domicílio por parte da Autoridade para as Condições de Trabalho (ACT), cabendo também responder à complexidade destes problemas.

Mas é, sobretudo, no caso do teletrabalho no domicílio que o actual regime de teletrabalho suscita pertinentes reflexões (Rebelo, 2004a) pela ambiguidade de algumas das disposições consagradas no Código do Trabalho. Desde logo, relativas à determinação concreta das condições de prestação de teletrabalho. E, por outro, no que concerne à própria capacidade de fiscalização da ACT (Rebelo, 2019b). Assim, estimando-se um tendencial aumento do recurso ao regime subordinado de teletrabalho é necessário que, de *iure condendo*, se procure acautelar aspectos fundamentais que assegurem adequadas condições de trabalho, pois só assim se alcançarão os benefícios plenos desta "era digital".

Referências

Confederação Empresarial de Portugal (2020), *Sinais vitais*. Lisboa, Future Cast Lab ISCTE.

Eurofound (2020), *Telework and ICT-based mobile work: Flexible working in the digital age*. (disponível em https://www.eurofound.europa.eu/sites/default/files/ef_publication/field_ef_document/ef19046en.pdf)

Eurofound and the International Labour Office (2017), *Working anytime, anywhere: The effects on the world of work*. Publications Office of the European Union, Luxembourg, and the International Labour Office, Geneva (disponível em http://eurofound.link/ef1658).

OCDE (1995), *Le avenir du travail: vers un emploi sans poste fixe*, nº 12, Paris.

OCDE (2012), *Policy priorities for international trade and jobs: Trade and employment in a fast--changing world*. Paris: OECD.

OIT (2020), *Portugal: Rapid assessment of the impact of COVID-19 on the economy and labour market*. Genebra: ILO.

Rebelo, G. (2004a), "Reflexões sobre o teletrabalho: entre a vida privada e a vida profissional". *Questões Laborais* n.º 23: 98-116.

Rebelo, G. (2004b), *Teletrabalho e Privacidade – Contributos e Desafios para o Direito do Trabalho*, Lisboa, EditoraRH.

Rebelo, G. (2005), "Para uma organização qualificante: da importância dos conceitos de actividade e de mobilidade funcional no Código do Trabalho". *Questões Laborais* n.º 25: 1-14.

Rebelo, G. (2017), "Trabalho e Economia Digital: que desafios?" In *Trabalho, Emprego e Segurança Social¬ Transformações e Desafios*. Lisboa, Edições Sílabo: 211-219.

Rebelo, G. (2019a), "A regulação do trabalho na era digital". In *Estudos de Direito do Trabalho*. Lisboa, Edições Sílabo: 13-30.

Rebelo, G. (2019b), "O trabalho digital e o teletrabalho". In *Estudos de Direito do Trabalho*. Lisboa, Edições Sílabo: 209-241.

II PARTE

1. TRANSIÇÃO DIGITAL E TELETRABALHO[3]

1.1. A transição digital em Portugal

Recentemente, em Portugal, a Resolução do Conselho de Ministros nº. 30/ 2020, de 21 de Abril, criou um Plano de Acção para a Transição Digital. Este plano considera a transição digital como um dos instrumentos essenciais da estratégia de desenvolvimento, de acordo com os objectivos políticos que orientarão os investimentos da União Europeia no período de programação 2021-2027, em conformidade com o novo quadro da política de coesão. Além disso, a pandemia de Covid-19 acelerou a transição para a sociedade digital, através do forte aumento da utilização do teletrabalho. E em Portugal será um objectivo estratégico desenvolver um Plano para a Transição Digital e uma estratégia de empregabilidade digital, baseada não só num conjunto de directrizes europeias, mas também em iniciativas nacionais.

A Resolução do Conselho de Ministros n.º 30/2020, de 21 de Abril, substituiu a Agenda Portugal Digital aprovada em 2012 e, como refere esta Resolução, assenta o Plano de Acção para a Transição Digital em três grandes pilares de actuação: a capacitação e inclusão digital das pessoas; a transformação digital do tecido empresarial; e a digitalização do Estado.

Ora, o teletrabalho apresenta-se justamente como uma forma de organizar o trabalho que se caracteriza por estabelecer entre empregador e trabalhador

[3] Texto revisto e adaptado de artigo publicado na revista *Dirigir & Formar* n.º 28, Jul./Set. 2020: 14-19.

um conjunto de relações laborais à distância e asseguradas por TIC. E insere-se num movimento internacional de flexibilização do trabalho que associou a organização laboral ao desenvolvimento das competências (individuais e organizacionais), possibilitando também a criação de mecanismos de comunicação. Assim, o teletrabalho é uma forma de organização do trabalho, cuja actividade é exercida mediante o recurso à utilização das TIC e à distância, ou seja, a partir de um local, que não o local do estabelecimento da empresa, nomeadamente o domicílio, um hotel, ou até de forma itinerante.

O termo teletrabalho surgiu no final da década de 1970 associado ao progresso tecnológico, que facilitou a multiplicação de experiências de deslocalização do trabalho. Mais tarde, nos anos 1990, o teletrabalho emerge como uma forma de organizar o trabalho capaz de promover a versatilidade e uma certa autonomia do trabalhador. Já no Relatório Bangemann da Comissão Europeia sobre a Sociedade da Informação, de 1997, o teletrabalho surgia já como uma forma crescente de trabalho na Europa. De acordo com dados da *European Telework Organization* em 1999, representava apenas 4,5% do emprego total na UE15 (enquanto que nos EUA, por exemplo, representava 7,9%).

Nas últimas duas décadas, a expansão do teletrabalho, enquanto forma de trabalho, deveu-se principalmente a quatro factores: ao desenvolvimento da informática e das telecomunicações; ao crescimento do sector dos serviços (e da informática a ele aplicado); à vontade de as organizações criarem formas de trabalho que procurem a autonomia por parte dos seus trabalhadores; e ao propósito de as empresas reduzirem custos.

E embora o número de pessoas em teletrabalho tenha aumentado gradualmente ao longo dos anos (Eurostat, 2018), esta pandemia acelerou este fenómeno. Durante a pandemia, o teletrabalho provou ser crucial para a manutenção da actividade económica.

A percentagem de pessoas com idades compreendidas entre os 15 e os 64 anos na UE a trabalhar a partir de casa era de 5,0% em 2017, sendo mais elevada na Holanda (13,7%), seguida do Luxemburgo (12,7%) e da Finlândia (12,3%), e ligeiramente mais comum na Zona Euro (5,7% das pessoas ocupadas) do que no conjunto dos países da UE. A percentagem de pessoas na UE que por vezes trabalham a partir de casa aumentou de forma constante ao longo dos anos, passando de 7,7% em 2008 para 9,6% em 2017, embora em 2017 tenha diminuído ligeiramente em relação a 2016 (9,8%). De referir que na UE, são mais os trabalhadores independentes a trabalhar regularmente a partir de casa (18,1%) do que os trabalhadores por conta de outrem (2,8%). Curiosamente a percentagem de pessoas a trabalhar a partir de casa aumenta com a idade: apenas 1,6% dos jovens de 15 a 24 anos na UE costumavam trabalhar em casa em 2017, aumentando para 4,7% entre os de 25 a 49 anos e 6,4% entre os de 50 a 64 anos. Para as outras categorias de idade, a Holanda ficou em primeiro lugar (14,8% de 25-49 anos e 16,6% de 50-64 anos), seguida pela Finlândia (13,1% de 25-49 anos e 13,6% de 50-64 anos).

O teletrabalho é uma forma de trabalho, realizada num local fora da empresa a que o trabalhador está contratualmente ligado, quer como trabalhador dependente (subordinado juridicamente), quer como trabalhador independente. Particularmente enquanto forma de trabalho subordinada, na medida em que esta forma de trabalho implica a percepção de como, por um lado, se podem assegurar os direitos e deveres próprios do trabalhador subordinado e, por outro, como é que o empregador pode continuar a assumir os poderes (tradicionais) e as responsabilidades inerentes à execução da prestação de trabalho subordinado, interessa, em especial, analisar o que designaremos por "reconfiguração da subordinação jurídica" no teletrabalho (Rebelo, 2019: 213-220). Com o teletrabalho surgem organizações diferentes das tradicionais, uma vez que este envolve a dispersão física dos trabalhadores do local central de trabalho para locais distantes da empresa. E uma das principais diferenças no planeamento das organizações está relacionada com a relação entre empregador e trabalhador, sobretudo com o controlo que o empregador exerce sobre os trabalhadores.

1.2. A subordinação jurídica e o poder de direcção no teletrabalho

Atentemos em particular no caso da subordinação jurídica. Em 2003 o Código do Trabalho (CT) veio consagrar expressamente a figura do teletrabalho enquanto contrato de trabalho.

No actual CT, nos termos do disposto no artigo 11.º, o legislador entende que as partes celebram um contrato de trabalho sempre que o trabalhador esteja inserido no âmbito da organização do empregador (que define como beneficiário da actividade) e sob a sua autoridade desta e que, além disso, a actividade seja realizada em local pertencente ao seu beneficiário ou por ele determinado" (al. a) do n.º 1 do artigo 12.º do CT) e que "observe horas de início e de termo da prestação determinadas pelo beneficiário da mesma" (al. c) do n.º 1 do artigo 12.º do CT). Assim, o enquadramento do trabalhador enquanto teletrabalhador subordinado (e a consequente aplicação das regras do Código do Trabalho à relação de trabalho) passa pela consideração de saber se o trabalhador em questão executa a sua prestação mediante os indícios de subordinação jurídica dispostos no artigo 12.º do CT ou se, de forma distinta, se trata de um trabalhador autónomo e executa a sua prestação de trabalho afastado da observância desses indícios (Rebelo, 2019: 214).

Com o teletrabalho, emergiu a alternativa do trabalho executado em locais distintos da empresa importando, *maxime*, que esteja contratualmente determinado. Daí que para se presumir prestação subordinada, seja preciso que o trabalho seja realizado em local pertencente ou determinado pelo empregador e respeitando horas de início e de termo (al. c) do n.º 1 do artigo 12.º do CT). Além disso, outro dos indícios de subordinação a considerar na análise do contrato de teletrabalho são os instrumentos de trabalho afectos à utilização de teletrabalho se encontram também sujeitos a regras específicas (al. e) do n.º 5 do artigo 166.º do CT) e gerais (al. b) do n.º 1 do artigo 12.º do CT). Nos termos do disposto no artigo 166.º, assim como no consagrado no artigo 168.º do CT presume-se que os instrumentos de trabalho utilizados pelo teletrabalhador respeitantes a TIC constituam propriedade do empregador, a quem compete a respectiva instalação e manutenção, bem como o pagamento das inerentes despesas.

Acresce que o próprio exercício do teletrabalho necessita que sejam garantidas certas condições técnicas que permitam assegurar a manutenção da cadeia de informações ou dos dados aos locais de exploração destes elementos. Estas condições técnicas implicam que sejam utilizadas, na totalidade ou em parte, a informática e as comunicações em rede adaptadas ao teletrabalho – o que pressupõe a existência de utilização de redes com as capacidades e possibilidades diversas, que permitem transmitir os dados em condições de segurança –, além de uma prévia formação que torne o trabalhador apto a executar a prestação de trabalho. E, neste sentido, sem prejuízo de estipulação contratual em contrário, "o teletrabalhador não pode dar aos equipamentos e instrumentos de trabalho que lhe forem confiados pelo empregador uso diverso do inerente ao cumprimento da sua prestação de trabalho" (n.º 3 do artigo 168.º do CT).

Por outro lado, relacionado ainda com o conceito de subordinação jurídica está a nova "concepção de tempo" introduzida com o teletrabalho. Ora, o cumprimento de um período normal de trabalho – sobretudo no caso do teletrabalho executado a partir do domicílio – coloca as questões de, em particular, como controlar o horário da prestação de teletrabalho no caso do trabalho executado a partir do domicílio ou em local itinerante (Rebelo, 2019: 217). Tem-se colocado a questão de discutir se, com este, a subordinação jurídica fica mitigada, considerando que o trabalhador – longe da empresa – é "senhor da organização do seu tempo" alcançando assim na execução da prestação de trabalho mais autonomia. Contudo, e embora a resposta a esta questão envolva a análise da diversidade das situações de teletrabalho (de natureza multiforme), a verdade é que nos parece que nem sempre será assim, pois com a utilização das TIC em rede muitos teletrabalhadores ficam mais dependentes dos empregadores – e em consequência sujeitos a um mais "apertado" poder de direcção – do que se estivessem no local da empresa (Rebelo, 2004: 18). É que os computadores – além de serem um importante instrumento de trabalho do trabalhador – podem ser um importante instrumento de controlo da execução do trabalho permitindo ao empregador registar a actividade exercida durante o horário de trabalho (nomeadamente, permitindo apurar o número de vezes em que o trabalhador tocou no teclado). De referir ainda que a prestação de actividade de teletrabalho se presume subordinada quando a prestação seja retribuída em função do tempo despendido na execução da actividade e seja paga com determinada periocidade ao prestador da actividade, como contrapartida da mesma" (al. d) do artigo 12.º do CT).

Pela celebração do contrato individual de trabalho, o empregador detém o poder de direcção, consagrado no artigo 97.º do CT, que lhe permite dirigir e organizar a prestação de actividade, determinando os termos em que deve ser prestado o trabalho" ou, por outras palavras, "os parâmetros temporais de execução da prestação e a forma como o débito laboral deve ser realizado"(Pinto, *et al.*, 1994: 23-24). E no teletrabalho há o tradicional poder de direcção do empregador que passa por considerar que no exercício da sua actividade é atribuído ao teletrabalhador (no âmbito do que se designa por poder determinativo da função) não um "certo posto ou categoria" na organização, mas sim um conjunto de funções correspondentes a "uma actividade" (n.º 1 do artigo 115.º do CT) que se define pelas necessidades da mesma empresa e pelas "aptidões e qualificações do trabalhador" (n.º 1 do artigo 118.º do CT).

A este aspecto acresce que o teletrabalho, enquanto forma de trabalho, representa actualmente um importante instrumento de Gestão de Recursos Humanos no âmbito da "sociedade da informação", pois enquanto forma de organizar o trabalho parece assentar mais em torno dos processos e dos resultados do que em torno das funções e das hierarquias, pelo que é uma figura desafiante para a reconfiguração do tradicional exercício do poder de direcção do empregador (Rebelo, 2004: 25-27; Rebelo 2019: 219).

Aqui há que acautelar um eventual enfraquecimento do poder de direcção, pois o empregador pode perder – *maxime* quando executado a partir do domicílio – o controlo directo sobre a actividade dos seus trabalhadores. No propósito de atenuar esta situação o CT prevê, em particular nas al. f) do n.º 5 do artigo 166.º – nos contratos para prestação subordinada de teletrabalho – da identificação do estabelecimento ou departamento da empresa ao qual se deve reportar o teletrabalhador e ainda a identificação do superior hierárquico ou de outro interlocutor da empresa com o qual o teletrabalhador pode contactar no âmbito da execução da respectiva prestação laboral. Esta exigência legal sugere que a melhor maneira para evitar o distanciamento entre as partes é estabelecer, previamente, um plano de trabalho que comporte objectivos precisos e que assegure igualmente um contacto regular – mesmo que não permanente – entre empregador e teletrabalhador, por exemplo, por telefone ou por correio electrónico.

Paralelamente coloca-se também a questão da necessidade da avaliação do desempenho profissional do teletrabalhador, ou seja, cria-se a necessidade de garantir um controlo adequado que permita apreciar o desempenho da actividade efectuada à distância, uma vez que o teletrabalho constitui igualmente uma estratégia empresarial que visa promover a polivalência funcional e uma certa autonomia do trabalhador. A este propósito é necessário distinguir as situações em que o teletrabalhador exerce actividades complexas e de uma certa amplitude, daquelas em que a actividade profissional se aproxima do taylorismo electrónico. Se a avaliação se basear apenas num controlo dos tempos despendidos, e do resultado obtido num determinado período de tempo, esta opção representará, uma perspectiva mais empobrecedora para as possibilidades de promoção profissional de um teletrabalhador na empresa.

Além disso, será igualmente preciso ter em conta que os tradicionais poderes do empregador confrontam-se com direitos e garantias dos trabalhadores que passam pela própria possibilidade do exercício dos direitos e liberdades do cidadão como é, por exemplo, o direito à igualdade de tratamento na empresa (artigo 169.º do CT), assegurando a efectiva observância do princípio da igualdade de tratamento entre teletrabalhadores no domicílio e os outros trabalhadores (seus colegas) a trabalhar nas instalações da empresa.

1.3. Considerações finais

Em Portugal, a pandemia de Covid-19 ofereceu uma oportunidade de acelerar grandes mudanças. O recente estudo da OIT "*Portugal: Rapid assessment of the impact of COVID-19 on the economy and labour market*" (OIT, 2020), mostra as medidas discricionárias adoptadas em resposta à pandemia, tais como a manutenção do emprego e a formação; protecção dos trabalhadores no local de trabalho (teletrabalho). Durante o estado de emergência, o teletrabalho foi obrigatório (a menos que incompatível com o emprego) e, como realça este estudo, a generalização do teletrabalho tornou-se um desafio especial e foi, em muitos casos, realizado em condições exigentes (por exemplo, com crianças em casa, falta de espaço adequado) e tornou-se uma experiência menos positiva para alguns, especialmente para as mulheres confrontadas com uma maior carga de trabalho doméstico.

Como refere este estudo, Portugal viveu uma situação social sem precedentes e as pessoas desenvolveram novos hábitos como consumidores, trabalhadores e estudantes, cidadãos. Algumas destas transformações serão transitórias, enquanto outras poderão persistir, sendo que a generalização do teletrabalho foi a mudança mais óbvia. Mas existem outras. Num período muito curto, todas as escolas e universidades portuguesas entraram em linha, dando à maioria dos estudantes e docentes a sua primeira experiência de ferramentas de e-learning (OIT, 2020).

Referências

Boavida, N. e Brandão Moniz, A. (2020), "Virtual work in Portugal: a literature review". *International Journal on Working Conditions*, n.º 19:1-15.

Eurofound (1997), *The Health and Safety Issues for Teleworkers in the European Union*. WP/97/29/EN, Dublin, Eurofound.

Eurofound (2006), *Social Implications of Teleworking: the social security position of teleworkers in the European Union*. Dublin, Eurofound.

Eurofound (2020), *Living, working and COVID-19*. Dublin, Eurofound (disponível em https://www.eurofound.europa.eu/sites/default/files/ef_publication/field_ef_document/ef20059en.pdf)

Eurostat (2018), *Working from home in the EU*. (disponível em https://ec.europa.eu/eurostat/web/products-eurostat-news/-/DDN-20180620-1)

OIT (2020), *Portugal: Rapid assessment of the impact of COVID-19 on the economy and labour market*. Geneva, ILO.

Pinto, M., *et al.* (1994), *Comentário às Leis do Trabalho*. Lisboa, Lex.

Rebelo, G. (2002), *Trabalho e Igualdade – Mulheres, Teletrabalho e Trabalho a tempo parcial*. Oeiras, Celta.

Rebelo, G. (2004), *Teletrabalho e Privacidade – Contributos e Desafios para o Direito do Trabalho*. Lisboa, EditoraRH.

Rebelo, G. (2017), "Das recentes alterações ao Código do Trabalho e da necessidade de um fortalecimento do papel da ACT na promoção das condições de trabalho". In *Trabalho sem Fronteiras? O papel da Regulação* (coord. Roxo, M.). Coimbra, Almedina: 221-240.

Rebelo, G. (2019), "O Trabalho digital e o teletrabalho". In *Estudos de Direito do Trabalho*. Lisboa, Edições Sílabo: 209-241.

Rebelo, G. e Roxo, M. (2019), "The Challenges of Digital work in Portugal". In W. Sanguineti R. e B. Vivero Serrano (Dirs.), *La construcción del Derecho del Trabajo de las redes empresariales*. Granada, Comares.

Redinha, M. R. (1999), "O teletrabalho". In Moreira, A. (org.), *Direito do Trabalho – IIº Congresso Nacional de Direito do Trabalho*. Coimbra, Almedina: 92-93.

2. TEMPO DE TRABALHO – ALTERAÇÕES AO CÓDIGO DO TRABALHO E ACTUAIS DESAFIOS[4]

2.1. Evolução da gestão do tempo de trabalho – o objectivo da partilha do trabalho

Desde os primórdios do Direito do Trabalho a temática da organização do tempo de trabalho sempre esteve no centro da definição de políticas públicas relacionadas com a partilha do trabalho (ou seja, com a repartição concreta do volume de trabalho), tendo sido objecto de diversas intervenções legislativas. Foi sobretudo a partir da década de 1990 que a reflexão sobre os processos de redução de tempo de trabalho se fortaleceu na maioria dos países europeus, registando-se uma evolução ao nível das políticas de gestão do tempo de trabalho nas empresas (Jacquot e Setti, 2002: 115-132). Nas décadas de 1990 e de 2000 a tendência para a redução do tempo de trabalho na Europa, evoluiu de forma a aproximar o trabalho efectivo semanal em tempo médio dos tempos parciais. Assim, a problemática da gestão do tempo de trabalho através da redução da duração da jornada laboral, tornou-se um dos elementos centrais das políticas de emprego europeias[5]. E especialmente em contexto

[4] Texto revisto e adaptado de artigo publicado na revista *Dirigir & Formar* n.º 23, Jul./Set. 2019: 36-40.

[5] Em Portugal com a Lei n.º 21/1996, de 23 de Julho, que estabeleceu a redução dos períodos normais de trabalho superiores a quarenta horas por semana, e flexibilizou o tempo de trabalho, mediante princípios de adaptabilidade dos horários. Sobre este tema, Boulin, J. Y. (1992), "Les politiques du temps de travail en France: la perte du sens." *Futuribles*, n.º 165-166 :

de forte competitividade empresarial, o debate sobre a gestão do tempo de trabalho assumiu uma importante dimensão, sendo de referir os estudos quer da OIT quer da Fundação Europeia para a Melhoria das Condições de Vida e de Trabalho. Esta procura progressiva de flexibilização do tempo de trabalho[6] fez-se por uma mutação profunda dos fundamentos tradicionais da organização do trabalho que repousam, ao nível da gestão do tempo de trabalho, na redução do período normal de trabalho, da referência à duração semanal[7] e na introdução da ideia de partilha de trabalho.

Desde então,os princípios orientadores da gestão do tempo de trabalho passaram a assentar em três importantes vertentes: a definição convencional da flexibilidade do tempo de trabalho (incluindo dos salários); o desenvolvimento ao nível público de medidas que tornem vantajosa a redução da duração do trabalho; e a adequação da gestão do tempo de trabalho ao conjunto da vida activa[8].

Tratando-se da organização do tempo de trabalho, assistimos ao desenvolvimento de medidas de flexibilidade múltiplas, nomeadamente, a diversificação do trabalho (ou modulação semanal ou anual do tempo de trabalho) ou a diferenciação dos tipos de emprego que impliquem temporalidades diferentes (tempo parcial)[9]. Este movimento tem sido ditado essencialmente por

41-62; Aznar, G. (1993), *Travailler moins mais pour travailler tous: 20 propositions*, Paris, Syros: 22-24. Tergeist, P. (1995), *Flexibilité du temps de travail – Negotiations collectives et intervention de l'Etat*, Paris, OCDE.

[6] Sobre as políticas de flexibilização do tempo de trabalho na Europa, Lyon-Caen, G. (1985), "La bataille truquée de la flexibilité". *Droit Social*: 801-810; Brunhes, B. (1989), "La flexibilité du travail – réflexions sur les modèles européens", *Droit Social*, n.º 3: 251-252; Ray, J.-E. (1990), "La flexibilité du temps de travail". *Revue Internationale de Droit Comparé*, n.º 42, 1: 185-201.

[7] Note-se que em relação à duração semanal de trabalho o legislador português desenvolveu, desde a Lei n.º 21/96, de 23 de Julho, regimes de trabalho flexível que foram complementados, posteriormente, pelo trabalho a tempo parcial e outras formas de modulação do tempo de trabalho. Sobre este assunto, Rebelo, G. (2001), "A flexibilidade no trabalho: as questões da redução do tempo de trabalho e do trabalho a tempo parcial". *Organizações e Trabalho*, n.º 26: 31-40.

[8] Neste sentido, Rebelo, G. (2002), *Trabalho e igualdade – Mulheres, teletrabalho e trabalho a tempo parcial*. Oeiras, Celta, 4; Gaudu F. (2006), "Libéralisation des marchés et droit du travail". *Droit Social*, n.º 5: 505-513; e, ainda, Lyon-Caen, A. e Urban, Q. (2008), *Le droit du travail à l'épreuve de la globalisation*. Paris, Dalloz.

[9] Sobre os efeitos da redução do tempo de trabalho no emprego, Zachmann, R. (1986), "La réduction de la durée du travail, un moyen de lutter contre le chômage: les facteurs en jeu". *Revue Internationale du Travail*, n.º 125 : 251-265.

razões de ordem económica e de reforço da competitividade das empresas mas também por evoluções sociais como, por exemplo, o aumento do trabalho a tempo parcial associado a exigências de conciliação entre a vida profissional e a vida pessoal e familiar[10].

Na União Europeia, a duração e a organização do tempo de trabalho são reguladas por diferentes combinações de legislação, incluindo a Directiva do tempo de trabalho (Directiva 2003/88/CE, que visa garantir requisitos mínimos de segurança e saúde para a organização do tempo de trabalho), bem como a negociação colectiva a nível nacional, sectorial ou de empresa e as negociações a nível individual (Adnett e Hardy, 2003: 114-125). Os parceiros sociais têm tido um papel importante a desempenhar na definição dos padrões de tempo de trabalho, particularmente através de acordos que abrangem os aspectos do tempo de trabalho ao nível nacional, sectorial ou de empresa[11].

[10] Acerca das medidas de partilha do trabalho em países como a Holanda ou a Dinamarca, em especial as adotadas na Dinamarca, em 1993, por motivo de assistência à família, Redor, D. (2000), "Les differentes adaptations de la durée du travail à la situation de l'emploi en europe du Nord". In Lestrade, B. e Boutillier, S. (org.), *Les mutations du Travail en Europe*. Paris, Harmattan : 185-199. Também sobre os acordos franceses de 1992, Cordonnier, L. e Vannecloo, N. (2000), "La réduction du temps de travail en France". In Lestrade, B. e Boutillier, S. (org.), *Les mutations du Travail en Europe*. Paris, Harmattan : 51-71.

[11] Neste sentido, Eurofound (2017), *Working time developments in the 21st century: Work duration and its regulation in the EU*. Luxembourg: Publications Office of the European Union. Este relatório apresenta a evolução do tempo de trabalho no início do século XXI, descrevendo os regimes de regulamentação nos Estados-Membros da UE e na Noruega e avaliando a evolução dos períodos normais de trabalho entre 1999 e 2014. De acordo com este documento, mais de dois terços dos Estados-Membros dispõem de um regime de ajuste do tempo de trabalho obrigatório ou negociado, o que implica a participação directa dos parceiros sociais na forma como o tempo de trabalho é definido. Embora os parceiros sociais tenham um papel importante a desempenhar na definição dos padrões de tempo de trabalho, particularmente através de convenções colectivas, a nível sectorial ou de empresa, o seu papel – e a negociação colectiva em geral – tem sofrido mudanças desde a crise de 2007/2008 e algumas tendências das relações industriais – como o declínio da filiação sindical, descentralização de negociação – tornaram-se mais evidentes desde o início da crise e isso afectou a forma como o tempo de trabalho é definido. E, de acordo com este estudo, a negociação colectiva desempenha um papel residual na maioria dos países da UE.

2.2. A flexibilização do tempo de trabalho em Portugal

De referir que, em Portugal no que concerne à organização do tempo de trabalho, como é sabido, a Iª República foi pródiga no reconhecimento de um conjunto de importantes direitos sociais e laborais. Se em 1913 temos um marco legal histórico no domínio da prevenção e da reparação dos acidentes de trabalho e doenças profissionais (a Lei n.º 83, de 24 de Julho, que estabeleceu o direito à assistência clínica, medicamentos e indemnização para os operários e os empregados vítimas de acidentes no trabalho), em 1919 o Decreto n.º 5.637, de 10 de Maio, estabeleceu o seguro social obrigatório contra os acidentes de trabalho, um dos diplomas igualmente importantes da República neste âmbito.

E foi em 1919 que foi fixado o período máximo legal de 8 horas diárias e 48 semanais para a função pública, as actividades comerciais e industriais[12]. Desde então, o propósito de redução dos tempos de trabalho – que tem acompanhando as modificações da organização do trabalho, da mudança tecnológica e da melhoria da qualificação dos trabalhadores – tem vindo a assumir-se como central na regulação laboral nacional e europeia (Bosch e Lehndorff, 2001: 209-243), sendo considerado um sinal progressista no processo de desenvolvimento económico[13]. Razão, aliás, pela qual o limite do período normal de trabalho e o direito ao descanso semanal tenham correspondido às primeiras reivindicações do operariado do século XIX e tenham sido das primeiras matérias a merecer consagração jurídica nos primórdios do Direito do Trabalho.

Tal como noutros países europeus, também em Portugal, desde a Convenção n.º 1 da OIT, de 29 de Outubro de 1919, que se procura limitar a duração do

[12] Mais recentemente a Lei n.º 2/91, de 17 de Janeiro, fixou o limite máximo do período normal do trabalho semanal em 44 horas (que veio a ser introduzido na LDT, pelo Decreto-Lei n.º 398/91, de 16 de Outubro) e, posteriormente, a Lei n.º 23/96, de 23 de Julho, nas 40 horas.

[13] Geralmente, para os trabalhadores a duração do trabalho é associada ao tempo de permanência na empresa que é condicionante da sua vida pessoal, pelo que diminuir a duração do tempo de trabalho poderá contribuir para a melhoria das suas condições de vida. Sobre este assunto, Azoulay, N., *et al.* (1995), "Les stratégies des entreprises et des salariés des serviçes face à la reduction du temps de travail". *Premieres syntheses*, Paris, Dares. Também na perspectiva da redução do tempo de trabalho como uma afirmação da igualdade de oportunidades entre homens e mulheres, Meda, D. (2008), *Le temps des femmes, pour un nouveau partage des rôles.* Paris, Flammarion.

trabalho diária e semanal. No entanto, só a partir da publicação do Decreto-Lei nº 24 402, de 24 de Agosto de 1934, é que ficaram criadas as condições para assegurar o cumprimento efectivo das disposições legais relativas à duração do trabalho, mediante criação de mecanismos de fiscalização da lei.

Com a consagração da Constituição da República Portuguesa de 1976, entre os direitos fundamentais dos trabalhadores está o direito à organização do trabalho em "condições socialmente dignificantes", de forma a facultar a conciliação da vida profissional com a vida familiar – que, na sua amplitude, cobre a assistência, entre outros, a familiares na linha recta descendente e ascendente, ou seja, respectivamente, a filhos e a pais – (al. b) do n.º 1 do artigo 59.º da CRP); o direito à fixação dos limites da duração do trabalho (diário e semanal) (al. b) do n.º 2 do artigo 59.º da CRP) ou o direito ao repouso e ao lazer, assim como a um limite máximo da jornada de trabalho (al. d) do n.º 1 do artigo 59.º da CRP).

Em 1996, num contexto internacional de reestruturação empresarial, o Acordo de Concertação Social de Curto Prazo[14] retomou o objectivo da flexibilização do tempo de trabalho, adoptando regras relativas à flexibilidade da organização do tempo de trabalho, na prossecução dos objectivos das "40 horas semanais" e da "adaptabilidade da organização do tempo de trabalho", mediante a Lei n.º 21/96, de 23 de Julho. Mais tarde, com a aprovação da Lei n.º 103/99, de 26 de Julho, relativa ao regime jurídico do trabalho a tempo parcial, estabeleceram-se uma série de incentivos à dinamização da partilha de trabalho[15].

Mas relevante foi, sem dúvida, o conjunto das alterações introduzidas em 2012 ao Código do Trabalho ao nível da organização do tempo de trabalho, para além das alterações ao nível do regime do trabalho suplementar[16], destaquem-se duas: a supressão de um conjunto de comunicações, outrora obrigatórias, dirigidas à Autoridade para as Condições de Trabalho (ACT)

[14] Conselho Económico e Social (1996), *Acordo de concertação social de curto prazo*. Lisboa, CES. Sobre este assunto, Damas, J. A. (1997), "A redução da duração do trabalho e a adaptação dos horários na Lei n.º 21/96". *Questões Laborais*, n.º 9-10: 90.

[15] Nomeadamente com a introdução dos artigos 9.º e 10.º da Lei n.º 103/99, de 26 de Julho. Sobre este assunto, Rebelo, G. (2003), *Emprego e Contratação Laboral em Portugal – Uma Análise Socioeconómica e Jurídica*. Lisboa, EditoraRH: 92-96.

[16] Com alterações significantes ao nível da eliminação do descanso compensatório e da redução para metade dos valores pagos a título de acréscimo de retribuição.

e a introdução de uma nova figura de flexibilização da organização do tempo de trabalho: o banco de horas individual[17]. Em primeiro lugar, quanto à supressão de um conjunto de comunicações, outrora obrigatórias, enviadas à ACT são de destacar três alterações: a eliminação da obrigatoriedade do envio do mapa de horário de trabalho, a eliminação da obrigatoriedade do envio do acordo de isenção de horário à ACT; a introdução da possibilidade de deferimento tácito do requerimento de redução ou exclusão do intervalo de descanso. Com a eliminação da obrigatoriedade do envio do mapa de horário de trabalho, na medida em que se revogou o n.º 3 do artigo 216.º CT, deixou de ser necessário remeter a afixação do mapa de horário de trabalho para a ACT[18]. Foi ainda eliminada a obrigatoriedade do envio do acordo de isenção de horário à ACT, tendo o n.º 3 do artigo 218.º do CT sido revogado e deixando de ser necessário remeter o acordo de isenção de horário de trabalho para a ACT. O regime da isenção tem sofrido, nos últimos anos, algumas alterações, sendo esta tendência para aligeirar formalidades uma delas. Em 2009 exigia-se apenas o envio do acordo de isenção para a ACT, constituindo a inobservância deste dever uma contra-ordenação leve; essa exigência vinha já de 2003 (muito embora então a contra-ordenação respectiva fosse grave), altura em que foi simplificado o procedimento junto da então Inspecção-Geral de Trabalho, alterando a exigência anterior de um requerimento acompanhado da declaração de concordância do trabalhador e dos documentos

[17] Introduzida a par do banco de horas grupal, que constitui uma forma de extensão do âmbito pessoal do banco de horas por regulamentação colectiva previsto no artigo 208.º do CT com vista a fazê-los aplicar a trabalhadores da mesma equipa, secção ou unidade económica que não estavam abrangidos por aquelas outras formas de instituição do banco de horas (sobre este assunto e dada a similitude com o regime da adaptabilidade grupal, Nunes de Carvalho, A. (2012), "Tempo de trabalho". *Revista de Direito e de Estudos Sociais*, n.º 1-2: 32.

[18] Ora, sabendo-se que, em matéria de tempo de trabalho, o elemento essencial de um contrato individual de trabalho é o período normal de trabalho, uma vez regulado, esse limite deve ser observado. Assim, a questão que se coloca, em termos de inerente fiscalização por parte da ACT, é a de saber quais as eventuais repercussões desta supressão de formalidade. Desde logo, é preciso considerar que o período normal de trabalho não pode ser unilateralmente aumentado pois ao fazê-lo o empregador estaria a modificar, por sua exclusiva vontade, o objecto do contrato de trabalho no seu aspecto quantitativo. A fixação do período normal de trabalho é uma referência fundamental na organização da vida pessoal e familiar do trabalhador, não sendo indiferente a um trabalhador que, por exemplo, estuda à noite numa Universidade, ou que assume responsabilidades familiares, trabalhar o número de horas contratualizadas ou mais.

necessários para comprovar os factos". Depois, foi introduzida a possibilidade de deferimento tácito do requerimento de redução ou exclusão do intervalo de descanso, agora expressa no n.º 4 do artigo 213º do CT, considerando-se tacitamente deferido o requerimento de pedido de autorização de redução ou exclusão do intervalo de descanso que não seja decidido em 30 dias (tendo sido renumerados os outros números do artigo)[19]. Em segundo lugar, quanto à introdução do banco de horas individual. A Lei n.º 23/2012 – para além de alterar a epígrafe do artigo 208.º e a respectiva alínea a) do n.º 4 (aditando a modalidade de compensação consistente no aumento do período de férias) – veio adicionar duas novas formas de constituição do banco de horas: o banco de horas individual (artigo 208.º-A do CT[20]) e o banco de horas grupal (artigo 208.º-B do CT), passando a prever um regime de constituição do banco de horas semelhante ao que já se previa para o regime da adaptabilidade: o banco de horas individual, mediante acordo (ou estabelecido no próprio contrato de trabalho) entre empregador e trabalhador (artigo 208.º-A do CT); e o banco de horas grupal, que é uma extensão de um daqueles dois regimes a aplicar a um grupo de trabalhadores da empresa (artigo 208.º-B do CT).

Em Portugal, a precariedade – subjectiva (resultante do significativo número de contratações a termo e trabalho temporário) e objectiva (que decorre, designadamente, da fragilidade financeira e elevada taxa de mortalidade das empresas portuguesas) – condiciona, em grande medida, as relações de trabalho[21]. Acresce que Portugal apresenta uma distribuição salarial atípica, caracterizada por uma forte compressão salarial na primeira metade da distribuição, medida pelo rácio entre o decil 50 e decil 10, e a mais elevada desigualdade na segunda metade da distribuição salarial da Europa, aferida pelo rácio entre o decil 90 e o decil 50 (OCDE, 2019).

[19] Esta figura do deferimento tácito do requerimento de redução ou exclusão do intervalo de descanso tinha sido já consagrada em 2003 no então n.º 4 do artigo 175.º do CT, competindo à Inspecção-Geral do Trabalho, mediante requerimento do empregador instruído com declaração escrita de concordância do trabalhador, autorizar a redução ou a exclusão do intervalo de descanso, e considerando-se o pedido tacitamente deferido se não fosse proferida decisão final no prazo de 15 dias a contar da apresentação do requerimento.

[20] Entretanto revogado pela Lei n.º 93/2019, de 4 de Setembro.

[21] Sobre este assunto, Rebelo, G. (2008), *A Revisão do Código do Trabalho*. WP Dinâmia/ISCTE, n.º 70, Lisboa.

Em 2018, no estudo *Trabalho Digno em Portugal 2008-2018*, a Organização Internacional do Trabalho (OIT) veio alertar para as condições de trabalho em Portugal e, em particular, para a necessidade de identificar o emprego recentemente criado, desde logo, considerando o elevado nível de emprego precário, quer do ponto de vista contratual quer salarial. Como refere este relatório, as alterações ao Código do Trabalho, introduzidas desde 2011, vieram flexibilizar a relação de trabalho e a cessação do contrato de trabalho, aumentando a incerteza laboral, com repercussões na estabilidade e no rendimento das pessoas, o que naturalmente tem consequências sociais. Em particular, este relatório destaca os principais desafios socioeconómicos para o futuro do país, evidencia que os efeitos distributivos das recentes reformas laborais devem receber uma atenção renovada, facto motivado pela preocupação generalizada de que o tipo de reformas promovidas até ao momento, estarem associadas a "resultados económicos e sociais menos inclusivos".

E, desde logo, deixa questões sobre o problema demográfico do país, considerando que as taxas de emigração em Portugal "atingiram o pico no início da década de 2010". De acordo com as estimativas, praticamente meio milhão de pessoas, saíram de Portugal entre 2011 e 2014, alertando para o facto de a taxa anual de emigração ser a segunda mais alta taxa na Europa, a seguir a Malta. Deste modo, como alerta este documento, em Portugal subsistem importantes desafios não só ao nível das políticas laborais como da adaptação das políticas de protecção social às mudanças demográficas. Também a este propósito de referir que, segundo o *Livro Verde sobre as Relações Laborais 2016*, "entre 2008 e 2013, a emigração permanente mais do que duplicou (+164,2%) (...) em Portugal".[22]

É conhecido que Portugal enfrenta uma forte tendência demográfica recessiva, devido quer à progressiva diminuição da taxa de natalidade quer ao aumento da esperança média de vida. Assim, considerando o acentuado envelhecimento da sociedade portuguesa, urge encorajar políticas públicas de emprego que promovam a conciliação entre a vida profissional e a vida familiar, e a consequente assistência à maternidade/paternidade ou a ascendentes idosos. A verdade é que a necessidade de reforço na assistência às famílias parece tão mais evidente na medida em que a maioria das pessoas, confrontadas com

[22] GEP-MTSSS (2016), *Livro* Verde *sobre as Relações Laborais 2016*. Lisboa, GEP-MTSSS: 67.

exigências cada vez maiores ao nível da sua vida profissional, ou a períodos longos de trabalho a tempo completo, superiores a 50 horas por semana, ou a subemprego a tempo parcial, remunerado com salários muito baixos, tende a adiar a parentalidade.

2.3. A propósito do centenário da OIT

Fundada em 1919, a OIT – organização internacional tripartida, na qual têm assento representantes dos governos, dos empregadores e dos trabalhadores dos Estados membros, que elabora Convenções e Recomendações relativas a diversos aspectos das relações de trabalho, com o propósito de influenciar a legislação nacional dos Estados, no sentido do desenvolvimento económico e social – assinalou em 2019 o seu centenário.

Os temas do tempo de trabalho e dos períodos de descanso – assim como s condições em que é prestado e as alterações contínuas dos mercados de trabalho – têm sido recorrentes na atenção da OIT, uma vez que estas alterações podem ter impactos significativos na forma como se procede à organização das horas de trabalho nas organizações e nos períodos de descanso que podem ser gozados pelos trabalhadores.

Ora, neste aspecto, a progressiva reconfiguração do mercado de trabalho em Portugal nestes últimos sete anos, com a tendência para o aumento do período normal de trabalho semanal no sector privado, que nalguns casos pode atingir as 50 ou as 60 horas semanais, situação que foi identificada pela OCDE no estudo de 2013 *How's Life - Measuring Well-being*, serão importantes problemas a que importa responder. Tanto mais que as alterações ao Código do Trabalho, introduzidas quer em 2009 quer em 2012, designadamente permitindo a realização de horas adicionais – quer em sede de adaptabilidade quer de bancos de horas – vieram flexibilizar a organização do tempo de trabalho, com inevitáveis repercussões sociais. No Código do Trabalho o regime do banco de horas individual (artigo 208.º-A[23]) existia a par de um outro, muito idêntico, a adaptabilidade individual (artigo 205.º), dado que ambos assentavam na ideia de individualização da relação de trabalho. De acordo com o *Livro Verde sobre as Relações Laborais 2016*, se em 2010 estavam

[23] Entretanto revogado em 2019, pela Lei n. 93/2019, de 4 de Setembro.

em regime de adaptabilidade individual 252 mil pessoas, em 2014 já eram 305 mil pessoas; e se em 2012 estavam em regime banco de horas individual 11 mil pessoas, em 2014 eram já 18 mil pessoas.

2.4. Considerações finais

A organização do tempo de trabalho é um factor crucial para a estabilidade dos trabalhadores e, se assim não for, estes têm um grau de imprevisibilidade na sua vida, com naturais consequências ao nível da sua vida pessoal e familiar. E sendo a evolução demográfica no nosso país especialmente problemática, e ainda que parcialmente associada às condições de trabalho, urge considerar a centralidade da regulação do tempo de trabalho, como garantia de condições de trabalho dignas para a resposta a este problema.

Como referimos, em Portugal, com a consagração da Constituição da República Portuguesa de 1976, entre os direitos fundamentais dos trabalhadores está o direito à organização do trabalho em "condições socialmente dignificantes", de forma a facultar a conciliação da vida profissional com a vida familiar. E se, segundo o legislador, a Lei n.º 23/2012 visou acentuar o reconhecimento normativo da necessidade de uma conciliação prática entre os direitos dos trabalhadores emergentes do contrato de trabalho e a liberdade de empresa, convirá perceber se estas alterações ao Código são enformadas pela ideia de equilíbrio, garantindo em simultâneo quer uma gestão empresarial eficaz quer o respeito pelos direitos fundamentais dos trabalhadores.

Sabemos que hoje um dos desafios que se colocam no plano laboral é o de encontrar um equilíbrio que permita conciliar direitos de cidadania dos trabalhadores com o aumento da capacidade de adaptação das empresas, sendo em especial a matéria relativa à organização do tempo de trabalho decisiva para responder a este intento. Assim, importaria que se consagrasse expressamente no Código do Trabalho, um conjunto de garantias para o trabalhador, em matéria de organização do tempo de trabalho assegurando ainda, concomitantemente, à Autoridade para as Condições de Trabalho um controlo efectivo das condições de trabalho em matéria de acréscimos de tempo de trabalho. Tanto mais que se entende que, em nome do princípio da dignidade pessoal e social, a prestação de trabalho deve permitir conciliar a vida pessoal e familiar com o trabalho e que se trata de uma exigência de protecção da saúde e segurança das pessoas que trabalham.

Referências

Adnett, N. e Hardy, S. (2003), "Reviewing the Working Time Directive: rationale implementation and case law". *Industrial Relations Journal*, Vol. 32, n.º 2: 114-125.

Alaluf, M., *et al.* (1995), "Durée et organisation du temps de travail". In Hoffman, R. (dir.), *Le Temps de Travail en Europe-Organisation et réduction*. Paris, Syros: 18-19.

Aznar, G. (1993) *Travailler moins mais pour travailler tous: 20 propositions*. Paris, Syros: 22-24.

Azoulay, N., *et al.* (1995), "Les stratégies des entreprises et des salariés des serviçes face à la reduction du temps de travail". *Premieres syntheses*, Paris, Dares.

Boulin, J. Y. (1992), "Les politiques du temps de travail en France: la perte du sens." *Futuribles*, n.º 165-166 : 41-62.

Bosch, G. e Lehndorff S. (2001), "Working-time reduction and employment: experiences in Europe and economic policy recommendations". *Cambridge Journal of Economics*, vol. 25: 209-243.

Conselho Económico e Social (1996), *Acordo de concertação social de curto prazo*. Lisboa, CES.

Cordonnier, L. e Vannecloo, N. (2000), "La réduction du temps de travail en France". In Lestrade, B. e Boutillier, S. (org.), *Les mutations du Travail en Europe*, Paris, Harmattan: 51-71.

Damas, J. A. (1997), "A redução da duração do trabalho e a adaptação dos horários na Lei n.º 21/96". *Questões Laborais*, n.º 9-10: 90-114.

Eurofound (2017), *Working time developments in the 21st century: Work duration and its regulation in the EU*. Luxembourg, Publications Office of the European Union.

Freyssinet, J. (1996), *Durée du travail: politique de l'emploi et négociation collective, 1992-1996*. Paris, Institut de Recherches Economiques et Sociales: 4-13.

GEP-MTSSS (2016), *Livro* Verde *sobre as Relações Laborais 2016*. Lisboa, GEP-MTSSS.

Jacquot, L. e Setti N. (2002), "Réduction du temps de travail et pratique de gestion des ressources humaines." *Travail et Emploi*, n.º 92:115-132.

Liberal Fernandes, F. (1997), "A organização do tempo de trabalho à luz da Lei nº 21/96". *Questões Laborais* n.º 9/10: 118 e segs.

Meda, D. (2008), *Le temps des femmes, pour un nouveau partage des rôles*. Paris, Flammarion.

Nunes de Carvalho, A. (2012), "Tempo de trabalho". *Revista de Direito e de Estudos Sociais*, n.º 1-2: 21 e segs.

OCDE (2013), "How's Life – Measuring well-being". Paris, OCDE.

OCDE (2019), "Outlook Employment 2019". Paris, OCDE.

Rebelo, G. (2001), "A redução do horário de trabalho: que vantagens, que garantias?". In AAVV, *O futuro do trabalho: novas relações e competências*. Oeiras, Celta: 413-430.

Rebelo, G. (2002), *Trabalho e Igualdade – Mulheres, Teletrabalho e Trabalho a Tempo Parcial*. Oeiras, Celta.

Rebelo, G. (2003), *Emprego e contratação laboral em Portugal – Uma Análise Socioeconómica e Jurí*dica. Lisboa, EditoraRH.

Rebelo, G. (2008), *A Revisão do Código do Trabalho.* WP Dinâmia/ISCTE, n.º 70, Lisboa.

Rebelo, G. (2014a), "Das Alterações ao Código do Trabalho". In *Estado Social e Austeridade. Lisboa,* Edições Sílabo: 27-28.

Rebelo, G. (2014b),"Do Banco de Horas Individual". In Reis, J., *Para Jorge Leite – Escritos Jurídico Laborais.* Coimbra, Coimbra Editora: 799-818.

Rebelo, G. (2017), "Duração e organização do tempo de trabalho em Portugal – Alterações ao Código do Trabalho". *International Journal on Working Conditions,* n.º 14: 85-104.

Redor, D. (2000), "Les differentes adaptations de la durée du travail à la situation de l'emploi en europe du Nord". In In Lestrade, B. e Boutillier (org.), *Les mutations du Travail en Europe.* Paris, Harmattan: 185-199.

Tergeist, P. (1995), *Flexibilité du temps de travail – Negotiations collectives et intervention de l'Etat.* Paris, OCDE.

Zachmann, R. (1986), "La réduction de la durée du travail, un moyen de lutter contre le chômage: les facteurs en jeu". *Revue Internationale du Travail,* n.º 125: 251-265.

3. TEMPO DE TRABALHO E CONCILIAÇÃO ENTRE A VIDA PROFISSIONAL E A VIDA FAMILIAR [24]

3.1. Reforçar os direitos das mulheres contra as discriminações, nomeadamente em matéria de progressão na carreira

Considerando o propósito de construção de uma sociedade mais justa e solidária, o tema da Igualdade de Género no trabalho assume centralidade em especial quando se trata de reforçar os direitos das mulheres contra as discriminações, nomeadamente em matéria de progressão na carreira ou de assegurar a conciliação entre a vida profissional e a vida familiar.

Ao invés das mulheres de gerações precedentes – cujo modelo de referência social foi o da trabalhadora pouco qualificada – na sociedade contemporânea as mulheres, muito mais qualificadas do que outrora, reivindicam para si não só a inserção no mercado de trabalho, como também a melhoria das condições de trabalho, das remunerações e, em geral, do seu percurso profissional. Nas últimas cinco décadas tem-se vindo a verificar uma integração progressiva das mulheres em todas as áreas da vida social. A nível mundial – embora persistam desigualdades – diversos estudos evidenciam que se tem vindo a constatar uma clara evolução no domínio da Igualdade de Género[25].

[24] Texto revisto e adaptado de artigo publicado sob o título "Tempo de trabalho e Igualdade de género" na revista *Dirigir & Formar* n.º 13, Abr./Jun. 2016: 38-43.

[25] Acerca das mutações na reorganização dos modelos sócio-produtivos, Rebelo, G. (2002), *Trabalho e Igualdade – Mulheres, Teletrabalho e Trabalho a Tempo Parcial*. Oeiras, Celta: 3-14.

Mas este progresso suscita ainda alguns desafios, em particular, no que se refere à necessidade de reforçar os direitos das mulheres contra as discriminações, nomeadamente em matéria de progressão na carreira.

Como referido no *World Population Ageing 2015*, divulgado pelas Nações Unidas, o envelhecimento da população está a progredir rapidamente em muitos dos países pioneiros no processo de transição demográfica, processo pelo qual o declínio da mortalidade é seguido por reduções na natalidade. Em consequência esperam-se alterações da estrutura etária da população, que resultam de um contínuo e forte envelhecimento demográfico. Segundo as *Projecções de População Residente*, divulgadas pelo Instituto Nacional de Estatística, estima-se que, entre 2012 e 2060, o índice de sustentabilidade potencial passe de 340 para 149 pessoas em idade activa por cada 100 idosos, sendo que a população residente em Portugal tenderá a diminuir até 2060, passando de 10,5 milhões de pessoas em 2012 para 8,6 milhões de pessoas em 2060.

Tanto mais que Portugal – com um baixíssimo índice sintético de fecundidade (número de filhos por mulher) e um aumento da esperança média de vida – é um dos países da União Europeia mais envelhecido (a par, por exemplo, da Alemanha), o que compromete seriamente o seu desenvolvimento sustentável, desde logo pelo desequilíbrio demográfico.

E se uma das prioridades políticas continua a ser a de atingir os objetivos de desenvolvimento propostos a nível internacional na Declaração do Milénio, outra, igualmente decisiva, será a de promover um conjunto de iniciativas que visam promover boas práticas no domínio da igualdade entre mulheres e homens.

Ora, dado que as mulheres, na maior parte dos casos, sentem enormes dificuldades em conciliar o seu trabalho com as suas responsabilidades no plano privado pessoal, muitas vêem-se obrigadas a adiar a sua maternidade, e este dilema tem contribuído para a diminuição do denominado índice sintético de fecundidade (número de filhos por mulher) que, no caso de Portugal, está hoje abaixo do valor mínimo para a renovação da população, ou seja, de 2,1 filhos por mulher.

Segundo os dados do INE relativos a 2015, o índice sintético de fecundidade subiu de 1,23 em 2014 para 1,3 filhos por mulher, mas a população residente em Portugal continuou a reduzir, diminuindo em 33,5 mil pessoas em relação à população em 2014. Este resultado traduziu-se numa taxa de crescimento efectivo negativa de -0,32%, mantendo-se assim a tendência de decréscimo populacional.

E a verdade é que, sobretudo nas últimas quatro décadas, assistiu-se a um envelhecimento evidente da sociedade portuguesa devido à existência de vários períodos de decréscimo demográfico[26].

3.2. Assegurar a conciliação entre a vida profissional e a vida familiar

Ante este cenário demográfico, as empresas são cada vez mais confrontadas com pessoas que pretendem conciliar trabalho e vida privada pessoal e familiar (maternidade, cuidado infantil, assistência a idosos) e, nessa medida, teoricamente, as políticas de gestão do tempo de trabalho estarão vocacionadas para atenuar os conflitos família/trabalho, permitindo aos trabalhadores viver para uma e outra realidade em paralelo.

Neste contexto, afirmar a igualdade de oportunidades no trabalho significa realçar os benefícios de uma sociedade mais equilibrada, dado que, não obstante a evolução registada em matéria de Igualdade de Género, as discriminações de género são ainda acentuadas *maxime* porque – como de forma pertinente refere Mahon[27] – as pessoas (em especial as mulheres-mães) são aceites no trabalho no pressuposto de que a sua responsabilidade para com a família não deva ter impacto na sua actividade laboral. E, na realidade, assim não é.

Importa pensar que, na actual sociedade, apesar do mundo do trabalho e da vida familiar constituírem realidades distintas, apresentam significativos pontos de contacto entre si estabelecendo uma interacção dinâmica. De acordo com o estudo *How's Life – Measuring Well-Being*, divulgado pela OCDE em 2015, e que analisa o bem-estar social das pessoas, Portugal faz parte do grupo de países que mais sofre as "sequelas sociais" da crise financeira internacional de 2007/2008, sendo os portugueses dos mais insatisfeitos com

[26] Sobre as fases de crescimento e decréscimo demográfico ocorridas no século XX em Portugal, Leston, M. (1996), *Demografia e Modernidade – Família e Transição Demográfica*. Lisboa, Imprensa Nacional Casa da Moeda: 122-124.

[27] Mahon, E. (1998), "Changing Gender Roles, State, Work and Family Lives". In Drew, E., *et al, Women, Work and the Family in Europe*. London, Routledge: 157.

a vida. E esta opinião justifica-se acima de tudo pelo aumento da incerteza em manter um emprego (e receio de ficar desempregado) assim como pela ampliação dos períodos normais de trabalho "muito longos", de 50 ou mais horas semanais que, segundo o estudo, "quase duplicou" entre 2009 e 2013. O documento indica que, desde 2009, o número de pessoas a trabalhar regularmente 50 horas ou mais por semana aumentou em vários países (por exemplo, no Reino Unido, Irlanda e República Eslovaca), mas foi em Portugal e no Chile que se registaram os aumentos mais significativos e, ao contrário, em países como a Áustria, República Checa ou Israel, verificou-se uma redução dos períodos normais de trabalho. A OCDE evidencia o facto de terem sido os países mais afectados pela crise – como Grécia, Portugal e Espanha – a registar as quebras mais graves em vários indicadores de bem-estar desde 2009 e, em especial no caso de Portugal (sublinhando que as "sequelas sociais" não atingiram os níveis da Grécia), alerta para o aumento dos períodos normais de trabalho.

Como se sabe, em matéria da organização do tempo de trabalho, a história da regulação laboral, legal e convencional, mostra que o propósito de redução dos tempos de trabalho tem sido um sinal progressista de desenvolvimento das condições de trabalho, tanto mais que se entende que, em nome do princípio da dignidade pessoal e social, a prestação de trabalho deve permitir conciliar a vida pessoal e familiar com o trabalho e que se trata de uma exigência de protecção da saúde e segurança das pessoas que trabalham (Andrews, et al., 2012).

Depois, e uma vez que permanecem as desigualdades entre homens e mulheres no trabalho, sobretudo no acesso a cargos de chefia e/ou de Direcção, não deixa de ser premente mencionar a necessidade de se reverem práticas especificamente vocacionadas para a promoção da conciliação entre vida profissional e vida familiar, tanto mais que este tema é – e nunca será demais enfatizá-lo – de uma grande centralidade na concepção de políticas públicas para o desenvolvimento do país, considerando o acentuado envelhecimento da população portuguesa.

Deste modo torna-se essencial avaliar da Igualdade de Género nas condições de trabalho, aquilatando da intensificação da jornada de trabalho, do exercício da conciliação profissão e das responsabilidades familiares, assim como os constrangimentos sentidos pelas mulheres na progressão na carreira.

Entre as principais dificuldades das mulheres na progressão estão quer a persistência de estereótipos de género quer as próprias exigências da organização do tempo de trabalho. De facto, muitas mulheres conhecem dificuldades na progressão na carreira, sobretudo devido à maternidade e às ausências por assistência à família. Ora, paradoxalmente, tem-se entendido – nas políticas de GRH – que qualquer pessoa que queira progredir na carreira não pode ter limites de horários. E, nessa medida, as mulheres têm acrescidas dificuldades pelo facto de serem mães ou principais cuidadoras da família ascendente. Além do mais, a crescente deterioração das condições de trabalho, com o aumento da jornada de trabalho e o aumento do recurso a formas precárias, têm vindo a agravar esta desigualdade na progressão na carreira.

Assim, é prioritário – para afirmar uma efectiva Igualdade de Género – repensar, ao nível das políticas de GRH e dos instrumentos de avaliação de desempenho, a importância das ausências (no sentido amplo, compreendendo as licenças ou as faltas) por assistência à família.

Curiosamente é de referir que, ao nível do poder político, um dos países que mais sobressaiu por uma concreta Igualdade de Género no trabalho – a Suécia – começou a implementar, faseadamente, as 6 horas de trabalho diárias. E, segundo uma notícia de 2015 do jornal "The Guardian", apesar da redução horária, os salários manter-se-ão, sendo o objectivo principal desta medida o de contribuir para o bem-estar da população. A ideia é de a procurar que os trabalhadores se concentrem mais sobre o trabalho, simultaneamente, ganhando tempo para a sua vida pessoal e familiar[28]. Também na Alemanha, um dos países mais envelhecidos da Europa, a ministra da Família, Manuela Schwesig, em 2014 numa entrevista dada ao jornal Handeslblatt propôs que o período normal de trabalho para pais com filhos pequenos fosse reduzido de 40 para 32 horas semanais, com o intuito de promover a conciliação do trabalho com a família, tanto para o pai quanto para a mãe.

Cabe referir que – persistindo uma permanente desigualdade de género na conciliação entre vida profissional e vida familiar, em especial ao nível da assunção paritária das responsabilidades na assistência à família, dado que esta partilha permanece desigual, penalizando as mulheres ao nível da progressão

[28] "Sweden introduces six hour work day", *The Independent*, 19 de Janeiro de 2016; "Sweden experiments with six-hour working day", *The Guardian*, 17 Setembro de 2015.

na carreira – e estando a participação das mulheres no mercado de trabalho estreitamente ligada a esta conciliação, urge que se intensifiquem esforços para mudar este padrão social, ajudando mulheres e homens a conciliar o seu trabalho e as suas responsabilidades familiares, em todos os estádios da sua vida. Note-se que, se são os países nórdicos aqueles que mundialmente mais se destacam pela eliminação de diferenças de género, são também estes que mais promovem a partilha efectiva das responsabilidades familiares, permitindo que as mulheres progridam na carreira e acedam ao poder nas organizações. Identicamente será fundamental, e um importante sinal de modernidade, que as políticas de Gestão de Recursos Humanos acompanhem o discurso da promoção da igualdade entre mulheres e homens no trabalho.

3.3. Considerações finais

Assim, por várias razões, de entre os temas sócio-laborais mais relevantes da actualidade nacional, parece crucial pensar a conciliação entre o trabalho e a vida familiar. Desde logo, porque importa considerar que, apesar do mundo do trabalho e da vida familiar constituírem realidades distintas, apresentam significativos pontos de contacto entre si, estabelecendo uma interacção dinâmica. Depois, porque Portugal é um país extremamente envelhecido e desequilibrado do ponto de vista demográfico, situação que compromete o desenvolvimento sustentável do País.

De facto, num país tão envelhecido quanto o nosso, as políticas públicas devem adaptar-se a esta realidade. Ora, para responder a este problema demográfico é fundamental criar políticas públicas no domínio da sustentabilidade demográfica assim como condições para o exercício de uma efectiva conciliação entre vida profissional e vida familiar.

Acresce que, como tem alertado a OCDE, foram os países mais afectados pela crise financeira internacional – como Portugal – a registar as quebras mais graves em vários indicadores de bem-estar e qualidade de vida desde 2009, em especial no que se refere ao aumento dos períodos normais de trabalho, quando falamos de progresso social e de bem-estar social não podemos deixar de pensar também na promoção da melhoria das condições de trabalho, com vista a uma vida condigna.

Ora, em matéria da organização do tempo de trabalho, na história da regulação laboral o intento de reduzir os tempos de trabalho tem sido um sinal progressista de desenvolvimento das condições de trabalho, tanto mais que se entende que, em nome do princípio da dignidade social, a prestação de trabalho deve permitir conciliar a vida pessoal e familiar com o trabalho e que se trata de uma exigência de protecção da saúde e segurança das pessoas que trabalham.

A flexibilização consagrada no ordenamento jurídico-laboral em matéria de organização do tempo de trabalho que tem tido como consequência um aumento dos períodos normais de trabalho – permitindo em alguns casos aumentos para as 10 ou as 12 horas por dia – tem vindo a deteriorar as condições de trabalho, nomeadamente repercutindo-se na desigualdade de oportunidades no trabalho, uma vez que tende a prejudicar os trabalhadores com responsabilidades familiares. E este acentuar da precarização das relações de trabalho afecta, inevitavelmente, também a qualidade vida das pessoas e famílias, que importa preservar (Rebelo, 2019:113-130).

Se em Portugal aumentam os períodos normais de trabalho, importa realçar o papel crucial que o Direito do Trabalho pode ter em matéria de organização do tempo de trabalho, designadamente, robustecendo soluções jurídicas que garantam a partilha do trabalho ou promovam a redução dos tempos de trabalho. Cada vez mais os cidadãos exigem que a sua vida possa ser aproveitada com um máximo de qualidade, com tempo dedicado ao lazer e ao tempo livre, com condições favoráveis ao bem-estar. Há que saber corresponder a estas exigências da sociedade. E promover a redução dos tempos trabalho é promover a qualidade de vida das pessoas, dos trabalhadores e das suas famílias (descendente ou ascendente), tanto mais tendo em conta a necessidade de responder ao grave problema social do envelhecimento da população. Só assim conseguiremos retomar o caminho do progresso e da solidariedade, assim como do desenvolvimento social.

No nosso país, desde 1919 que, também por estas razões, o limite máximo legal para o período normal de trabalho diário se encontra fixado nas 8 horas de trabalho. Contudo, na sequência de transformações económicas, ultimamente foram consagradas no ordenamento jurídico-laboral algumas alterações em matéria de organização do tempo de trabalho, que têm tido como consequência um aumento dos períodos normais de trabalho. De entre elas é de destacar a adaptabilidade e o banco de horas individual (acordados entre empregador e trabalhador, sob proposta daquele), que permitem o aumento do período normal de trabalho até duas diárias, no limite de 50 horas semanais.

Ora, quando falamos de progresso social e de bem-estar social pensamos também na promoção da melhoria das condições de trabalho, com vista a uma vida social condigna. E, neste aspecto, é crucial atentar na evolução média do período normal de trabalho no nosso país já que qualquer reconfiguração da organização do tempo de trabalho repercutir-se-á, inevitavelmente, no direito à vida pessoal e familiar e no direito ao repouso dos trabalhadores.

E se, em Portugal, para lá do acentuado envelhecimento (e de uma necessária revalorização do tempo de assistência à família), em virtude da destruição de emprego ocorrida nos últimos anos, persistem elevados níveis de desemprego (particularmente de Desemprego de Longa Duração) ante esta tendência para o aumento dos períodos normais de trabalho, importa propor soluções jurídicas que garantam a redução dos tempos de trabalho, caso contrário a maioria da população trabalhará cada vez mais tempo, em prejuízo não só do seu bem-estar pessoal e da assistência à família mas também do propósito de reduzir o desemprego. E, para isso, precisamos de políticas públicas de emprego que, por exemplo, desencorajem as jornadas de trabalho excessivas e promovam a possibilidade de uma partilha mais equitativa das responsabilidades familiares[29].

É que o que aqui está em causa é a capacidade de a sociedade gerir um equilíbrio sustentável para os objectivos económicos de participação feminina no trabalho; e promover empregos decentes para as mulheres é imperativo, agora e na próxima geração, uma vez que a integração das mulheres no trabalho é não só uma questão de direitos mas igualmente de desenvolvimento sustentável[30].

[29] Neste sentido, Hein, C. (2005), *Reconciling work and family responsabilities*, Genebra, International Labour Organization: 59.

[30] Na linha, aliás, do que a OIT tem recomendado, isto é, que se adoptem mais políticas que apoiem o trabalho e a família, a promoção de serviços e instituições que cuidem das crianças ou dos idosos, para que as mulheres possam trabalhar, assim como medidas que diminuam a segregação e valorizem o trabalho das mulheres.

Referências

Andrews, M., et al (2012), '*More Hours, More Jobs? The Employment Effects of Longer Working Hours*', Institute for the Study of Labor IZA Discussion Paper No. 6652, Bonn.

Eurostat (2006),"How is the time of women and men distributed in Europe?". In Eurostat, Statistical Office of the European Communities, *Statistics in Focus, Population and Social Conditions*, n.º 4/2006.

Hein, C. (2005), *Reconciling work and family responsibilities*. Genebra, International Labour Organization.

INE (2014), *Projecções de população residente 2012-2060*. Instituto Nacional de Estatística.

INE, 2015, *Envelhecimento da população residente em Portugal e na União Europeia*. Lisboa, Instituto Nacional de Estatística.

Leston Bandeira, M. (1996), *Demografia e Modernidade – Família e transição demográfica*. Imprensa Nacional Casa da Moeda, Lisboa.

Mahon, E. (1998), *"Changing Gender Roles, State, Work and Family Lives"*. In Drew, E., *et al*, *Women, Work and the Family in Europe*. London, Routledge.

OCDE (2015), *How's Life – Measuring well-being*. Paris, OCDE.

Rebelo, G. (2001a), "A redução do horário de trabalho: que vantagens, que garantias?".In AAVV, *O futuro do trabalho: novas relações e competências*. Oeiras, Celta.

Rebelo, G. (2001b), *Emprego e Formas de Precariedade da Actividade Laboral — o caso de Portugal no contexto da União Europeia*. Tese de Doutoramento, ISEG/UTL.

Rebelo, G. (2002), *Trabalho e Igualdade, Mulheres, Teletrabalho e Trabalho a Tempo Parcial*. Oeiras, Celta.

Rebelo, G. (2003), *Emprego e Contratação Laboral em Portugal – Uma Análise Socioeconómica e Jurídica*. Lisboa, EditoraRH.

Rebelo, G. (2010), *Trabalho e Emprego – Actualidade e Prospectiva*, vol. 1, Lisboa, Edições Sílabo.

Rebelo, G. (2012), *Trabalho e Emprego – Atualidade e Prospetiva*, vol. 2, Lisboa, Edições Sílabo.

Rebelo, G. (2015), *Trabalho e Segurança Social – Uma perspetiva socioeconómica e jurídica*, Lisboa, Edições Sílabo.

Rebelo, G. (2019), "Working Time Organization : Influences in Work-family Balance and Career". International Journal on Working Conditions: 113-130 (disponível em https://doi.org/10.25762/h6j6-xn58)

The Guardian, "Sweden experiments with six-hour working day", 17 Setembro de 2015.

The Independent, "Sweden introduces six hour work day", 19 de Janeiro de 2016.

The World Economic Forum (2014), *The Global Gender Gap Index 2014*, WEF.

United Nations (2015), *World Population Ageing 2015*, United Nations, Department of Economic and Social Affairs, Population Division.

4. EMPREGO CIENTÍFICO E COMPETITIVIDADE TERRITORIAL[31]

4.1. O objectivo de criar emprego científico

Promover a Ciência e a Investigação com o duplo objectivo de encorajar o investimento nesta área e de criar emprego, reforçando simultaneamente a economia portuguesa e incentivando a actividade científica e de Investigação e Desenvolvimento (I&D) em Portugal, são, no actual contexto socioeconómico, prioridades incontornáveis. Para tanto, cabe estimular o emprego científico, isto é a criação de emprego em áreas fundamentais para a ciência e I&D, como o agro-alimentar, a energia, as TIC, a biotecnologia, as engenharias, as ciências da saúde e encorajar a produção científica nacional gerando oportunidades científicas e industriais.

Para que Portugal seja globalmente competitivo é preciso reforçar os laços entre educação, investigação e inovação. Só aumentando o esforço em investimento em I&D, assim como em recursos humanos e produção científica se poderá transformar os resultados daí provenientes em oportunidades comerciais (e que incrementem a capacidade exportadora), em inovação e em criação de emprego.

E se – em tempos de contenção orçamental – a possibilidade de estimular o investimento (privado e público) afectando-o à I&D se reduz, este é um

[31] Texto revisto e adaptado de artigo publicado na revista *Dirigir & Formar* n.º 12, Jan./Mar. 2016: 47-51.

aspecto que deve continuar central na definição de políticas públicas. Tanto mais considerando as repercussões da resposta à "crise subprime" de 2008, que teve início no mercado interbancário internacional, com consequências económicas e sociais muito graves, atingindo sobretudo os países do sul da Europa, como Portugal, Espanha e Grécia[32]. E a premência em pensar estrategicamente o crescimento económico e a criação de emprego não pode dissociar-se da preocupação em assegurar coesão social, o que obrigará a uma reflexão sobre soluções e boas práticas que permitam construir uma nova identidade económica capaz de, a prazo, estimular o crescimento económico e gerar emprego.

4.2. Portugal e a experiência internacional dos Pólos de Competitividade

A nível europeu, os objectivos – ínsitos no relatório *Innovation Policy Trends in the EU and Beyond* – de identificar tendências na inovação e de analisar um conjunto de boas práticas de governance (na academia e investigação mas também na política, cultura e nos negócios), quer a nível nacional quer a nível transeuropeu, têm sido considerados cruciais em toda a Europa. E, a este respeito, a edificação de uma rede de Pólos de Competitividade que promovam parcerias empresariais é um bom exemplo. Em países como a França ou a Alemanha, têm sido feitas apostas bem sucedidas no âmbito das políticas económicas e de emprego ao nível dos Pólos de Competitividade, promotores de desenvolvimento regional através de processos de inovação científica e tecnológica.

Entendidos como prioritários enquanto investimentos de futuro, a sua organização em rede – entre I&D e empresas, PME e grandes grupos empresariais – tem feito emergir projectos que ligam laboratórios públicos e empresas. E estes projectos industriais e tecnológicos (concebidos ainda no âmbito de políticas públicas de inovação) têm canalizado investimento público, procurando promover, ao nível local e regional, criação de riqueza e de emprego, sendo igualmente um importante garante de coesão social.

[32] Por exemplo, em Portugal se a taxa de desemprego se situava nos 8,1% em 2007, de acordo com o Instituto Nacional de Estatística (INE) atingiu no 4º trimestre de 2012, os 16,9%.

De facto, e se em Portugal temos vindo a assistir, nos últimos trinta anos, a uma democratização do ensino (em particular do ensino superior) a verdade é que é ainda muito escassa a articulação entre a investigação científica – produzida pela comunidade científica em laboratórios e centros de investigação – com as empresas e a sociedade. Assim, importa prosseguir a aposta nos Pólos de Competitividade e Tecnologia em articulação com laboratórios públicos, grupos empresariais e PME, numa lógica de complementaridade capaz de gerar parcerias empresariais por sectores de actividade económica. Também acompanhando a sua montagem e financiamento e criando uma rede de atores que permita alavancar de forma sustentável a competitividade empresarial, na dupla dimensão tecnológica e territorial, potenciando a atração de investimento com forte valor acrescentado e de futuro.

A necessidade de fortalecimento da aposta em I&D (que se deverá traduzir também num robustecimento do conjunto dos recursos humanos nestas áreas, quer por via da contratação quer reafectando, por mecanismos de mobilidade, recursos humanos da Administração Pública a áreas de investigação tidas como sectorialmente e territorialmente prioritárias) prende-se com diversos motivos. Desde logo, pela falta de reconhecimento – e aproveitamento – que a sociedade e os agentes económicos fazem da I&D e dos *outputs* da investigação nacional. Será, pois, preciso assegurar que as unidades de I&D – prosseguindo linhas de trabalho previamente definidas – proporcionem projectos de carácter inovador e de interesse público, valorizando os *outputs* da investigação aquando da sua aplicação às empresas e à sociedade, sendo desejável que se implementem um conjunto de parcerias integradas em I&D, quer em áreas empresariais estratégicas quer em áreas científicas estratégicas. É ainda preciso promover o espírito empreendedor na investigação e estimular o acesso ao emprego científico, sobretudo a jovens licenciados para que sejam protagonistas do papel de agentes de inovação no domínio da ciência.

Desempenhando os Pólos de Competitividade – cujo programa de acção se deve ancorar quer no potencial territorial quer tecnológico, isto é, em actividades com elevado conteúdo de I&D, inovação e conhecimento, que implicam a articulação com laboratórios públicos e organizações (empresas, em especial as PME, e/ou autarquias) – um papel-chave no desenvolvimento económico e social português, importa que se considere identicamente o seu impacto na coesão social e territorial em Portugal e se desenvolva uma estratégia integrada (e complementar) de intervenção que envolva também a Administração Local, permitindo descentralizar territorialmente.

A nível territorial os municípios devem desempenhar um papel central na aceleração da transferência de I&D, no quadro de investimentos de futuro e com o objectivo da valorização da investigação pública. Além do mais, devem ambicionar, em termos da afirmação de uma nova *governance*, implementar um modelo económico que seja compatível com uma lógica que não seja estritamente financeira e apenas favoreça os grandes grupos empresariais em detrimento das PME. A criação de pólos de competitividade territoriais – que permitam juntar empresas, associações empresariais, laboratórios, centros tecnológicos e instituições de ensino para fomentar diferentes actividades económicas a nível local – é crucial para o Desenvolvimento Sustentável" e para a atracção de Investimento Directo Estrangeiro.

Por diversas razões. Desde logo, porque no âmbito destas iniciativas se desenvolvem actividades a diversos níveis, designadamente as que concorrem para aumentar a produtividade da economia e gerar emprego qualificado ou as que contribuem para aumentar a produtividade em sectores que estão em processo inevitável de perda de emprego, por forte competição internacional de economias com menor custo de mão-de-obra. Por outro lado – e tendo em vista a constituição de zonas territorialmente delimitadas e licenciadas para a instalação de determinado tipo de actividades industriais, administradas por uma sociedade gestora ou de Parques Tecnológicos, nos quais se venham a instalar empresas estrangeiras e PME nacionais que operem em áreas afins e/ou complementares – a constituição de Pólos de Competitividade e parcerias entre regiões portuguesas permitirá reforçar a internacionalização da nossa economia.

Para facultar oportunidades de emprego e tornar a economia mais sustentável, importa criar iniciativas em cooperação com as autarquias locais apoiando localmente o desenvolvimento de competências necessárias no futuro mercado de trabalho e, dentro deste conhecimento, condições para a criação de emprego e fixação de empresas.

Assim, nunca, como hoje, a ideia de valorizar o papel de proximidade dos Municípios com as populações se tornou tão crucial. Se a aposta na qualificação dos portugueses se mantém uma prioridade estrutural para o país, é necessário não ignorar que – neste âmbito – se exige descentralização. Um equilíbrio entre eficiência e proximidade e um conjunto de políticas públicas integradas especificamente dirigidas a territórios e a sectores de actividade económica que, a um tempo, articulem os propósitos de crescimento económico e coesão social, corrigindo assim os graves e persistentes desequilíbrios socioeconómicos e regionais existentes no País.

A título de exemplo, veja-se o que se passa em França ou no Reino Unido. Em França, a Agência de Inovação Industrial – criada à semelhança de congéneres existentes nos EUA e no Japão – tem apoiado o crescimento económico e a criação de emprego industrial, seleccionando e os grandes projectos industriais e tecnológicos. Associando, pelo menos duas empresas e um laboratório de investigação (ou um organismo de formação) os projectos são seleccionados pelo seu carácter particularmente inovador e pela actividade económica que geram. Para além da ajuda financeira do Estado, estes projectos também têm beneficiado de fundos oriundos das colectividades territoriais e dos fundos comunitários (FEDER). Desde o seu lançamento, em 2005, que esta iniciativa já permitiu financiar um elevado número de projectos de I&D e, por exemplo, em França, entre 2008 e 2011, foram investidos 5,7 mil milhões de euros (2,7 mil milhões de investimento público e 3 mil milhões de investimento privado) em mais de 70 Pólos de Competitividade. A avaliação desta Política Francesa de Competitividade feita em 2012 (pelo consórcio BearingPoint, Erdyn e Technopolis France), referente a 2009-2012 – i.e., à segunda fase de implementação destas políticas em França – concluiu pela relevância e eficiência dos Pólos de Competitividade, aconselhando a sua prossecução para 2014-2020 e recomendando um reforço do papel das Regiões na *governance* económica, assim como do papel dos *clusters* junto das PME, em especial atendendo ao seu impacto no desenvolvimento destas empresas, especificamente no desenvolvimento territorial e atracção de investimento.

Também no Reino Unido um conjunto de agências criadas no campo da investigação e da inovação têm desempenhado um importante papel na internacionalização da economia, fazendo repercutir também os efeitos de longo termo da investigação no campo da inovação e competitividade das pequenas empresas.

Por outro lado, o sector industrial é crucial para a economia europeia e continua a ser o motor do crescimento e do emprego (Rebelo, 2008b).

De referir que a indústria é também responsável por mais de 80% das exportações e 80% da investigação e inovação privadas, elementos-chave do crescimento económico sustentável. No entanto, a contribuição relativa da indústria para a economia europeia está em declínio e a verdade é que a Europa perdeu um terço de sua base industrial nos últimos 40 anos. Assim, a Indústria 4.0 pode ajudar a reverter o declínio da desindustrialização que está presente em muitas economias europeias – incluindo a portuguesa – que se deve, por um lado, ao aumento da produção noutras partes do mundo, especialmente deslocalização do trabalho para países com menores custos fora da UE e, por outro lado, à expansão do setor dos serviços em proporção cada vez maior nas economias, em detrimento de um menor participação relativa da indústria. O termo Indústria 4.0 teve origem na Alemanha, mas o conceito supera, em grande medida, os desenvolvimentos que, noutros países europeus, podem ser designados de outras maneiras: "fábricas inteligentes", "internet industrial" ou "indústria inteligente". E, nesta medida, uma série de países europeus patrocinam iniciativas ligadas à Indústria 4.0, incluindo não só a Alemanha, mas a Itália, a França e o Reino Unido, que representam os maiores sectores industriais europeus. Estima-se que a Indústria 4.0 venha a ter um efeito importante nas economias europeias, sobretudo nas mais industrializadas, com a Boston Consulting, por exemplo, a prever um importante impacto no PIB da Alemanha nos próximos dez anos, criando também centenas de milhares de postos de trabalho (Gerbert, et al, 2015; Milon, et al, 2017).

4.3. Considerações finais

Neste ambiente de mudança tecnológica, urge estimular o investimento (sabendo-se que se as empresas não investirem, a prazo a economia portuguesa terá o seu problema de competitividade muito agravado) e reforçar a atracção de investimento aos sectores produtivos da economia, prosseguindo aposta nos Pólos de Competitividade e Tecnologia", criados em Portugal no âmbito do Plano Tecnológico – de que são exemplos, o Portugal Foods, pólo de Competitividade e Tecnologia Agro-Alimentar, que procura promover Portugal, os seus produtos, as suas marcas e as suas empresas nos mercados internacionais e o Health Cluster Portugal, pólo de Competitividade da Saúde que tem como objectivo a promoção e o exercício de iniciativas e actividades tendentes à consolidação de um pólo nacional de competitividade, inovação e tecnologia de vocação internacional – e cujo Programa de Acção se encontra ancorado em actividades com elevado conteúdo de I&D, inovação e conhecimento.

Fundamentalmente por três razões. Primeiro porque implica a articulação com laboratórios públicos, grupos empresariais e PME, possibilitando a aceleração de transferência de tecnologia, criada num quadro de investimento de futuro e sendo o objectivo a valorização da investigação pública; depois porque é sustentável economicamente (reduzindo a dependência externa e impulsionando um conjunto de outras actividades económicas) e, por fim, porque apresenta o mérito de manter a actividade produtiva em território português, possibilitando a criação de emprego.

A criação de pólos de competitividade regionais – que permitam juntar empresas, associações empresariais, laboratórios, centros tecnológicos e instituições de ensino para fomentar diferentes actividades económicas a nível local – é crucial para o Desenvolvimento Sustentável" e para a atracção de Investimento Directo Estrangeiro. Por diversas razões. Formulado no âmbito destas iniciativas desenvolvem-se actividades a diversos níveis, designadamente, que concorrem para aumentar a produtividade da economia e gerar emprego qualificado.

Por outro lado – e tendo em vista a constituição de Áreas de Localização Empresarial, zonas territorialmente delimitadas e licenciadas para a instalação de determinado tipo de actividades industriais, administradas por uma sociedade gestora, ou de Parques Tecnológicos, nos quais se venham a instalar empresas estrangeiras e PME nacionais que operem em áreas afins e/ou complementares – a constituição de pólos de competitividade e parcerias entre as empresas e os estabelecimentos de ensino superior.

Acresce que da digitalização da produção resultará numa ampla gama de mudanças nos processos de produção, nos resultados e nos modelos de negócios, uma vez que estaremos perante maior flexibilidade na produção, automação de processos, transmissão de dados e uso de robôs. Os empregos que envolvam tarefas de rotina (e são mais procedimentais) tornam-se mais fáceis de automatizar; ao invés os empregos que envolvem competências analíticas ou de gestão, e exijam responsabilidades, são mais difíceis de substituir por máquinas.

Assim, é necessário antecipar um modelo de desenvolvimento inclusivo, que tente integrar todos, pois não podemos deixar de assegurar que a digitalização signifique progresso social.

Referências

Davies, R. (2015), Industry 4.0 *Digitalisation for productivity and growth*. European Parliamentary Research Service, European Union.

Gerbert, P. et al (2015), *Industry 4.0: The Future of Productivity and Growth in manufacturing industries*. BCG/Boston Consulting Group.

INNO Policy TrendChart (2012), *Innovation policy trends in the EU in 2011*, The INNO Policy TrendChart/European Commission DG.

Milon, T., et al (2017), *Five Lessons from the Frontlines of Industry 4.0*. BCG/Boston Consulting Group.

Rebelo, G. (2010a), "Investimento e Criação de Emprego". In *Trabalho e Emprego – Actualidade e Prospectiva*. Lisboa, Edições Sílabo: 27-38.

Rebelo, G. (2010b), "Um Novo Protagonismo para as PME". In *Trabalho e Emprego – Actualidade e Prospectiva*. Lisboa, Edições Sílabo: 111-119.

Rebelo, G. (2018a), "Ensino e trabalho – os desafios da digitalização da economia". *Cadernos de Economia* n.º 123, Abr. /Jun., Ordem dos Economistas: 70-72.

Rebelo, G. (2018b), "Digitalização e Trabalho: os desafios da indústria 4.0". *O Economista 2018 - Anuário da Economia Portuguesa*, Ordem dos Economistas: 70-74.

Technopolis Group (2012a), *French competitiveness clusters'* evaluation published, Brighton.

Technopolis Group (2012b), *Supporting Regional Policy Makers in Brittany*, Brighton.

5. GERIR RECURSOS HUMANOS NA SOCIEDADE DE CONHECIMENTO: O DESAFIO DA INOVAÇÃO[33]

5.1. O triplo objectivo de encorajar o investimento, criar emprego e promover a inovação

Nas últimas três décadas, em especial atendendo ao impacto da integração europeia, o nosso país conheceu um percurso de mudança e de progresso que passou por um reforço dos níveis de escolaridade. Considerando que o capital humano é um factor-chave para o crescimento económico, procurou-se, desde 1989, no âmbito dos três Quadros Comunitários de Apoio e do Quadro de Referência Estratégico Nacional, promover a transição para um modelo económico baseado na inovação e no conhecimento, que pretendeu responder aos baixos índices de escolarização dos portugueses, considerando a importância da qualificação de jovens e adultos para o crescimento económico e a coesão social.

Mas, neste momento, Portugal defronta a necessidade de responder às repercussões sociais desta crise financeira que, além de desencadear um acentuado aumento do desemprego, veio originar um forte empobrecimento das classes médias, salientando as desigualdades sociais. E se neste período "pós-troika" vivemos um tempo de austeridade e de cortes orçamentais em diversas áreas sociais, designadamente na educação, isso não poderá significar

[33] Texto revisto e adaptado de artigo publicado na revista *Dirigir & Formar* n.º 8/9, Jul./Dez. de 2014: 47-51.

uma desistência na construção do processo de democratização social por via da educação. Daí que reforçar o investimento em educação e na actividade científica e Investigação e Desenvolvimento (I&D) com o triplo objectivo de encorajar o investimento nesta área, criar emprego e promover o aumento de inovação são, no actual contexto social e económico, prioridades incontornáveis para o desenvolvimento do país.

Para tanto, é preciso aumentar o esforço de investimento público em educação e I&D. Este é um aspecto que deve continuar central na definição de políticas públicas, tanto mais que a premência em pensar estrategicamente o desenvolvimento do país não pode dissociar-se da preocupação em assegurar coesão social, o que obrigará a uma reflexão sobre soluções e boas práticas que permitam construir uma nova identidade económica capaz de estimular emprego e inovação.

Assim, o grande desafio deste tempo é o de implementar políticas públicas incentivadoras do desenvolvimento e capazes de assegurar uma repartição da riqueza e dos rendimentos mais justa do ponto de vista social. É aqui que surge a necessidade de debater a premência de construirmos uma sociedade mais solidária, pois esta apresenta-se cada vez mais desagregada.

As políticas públicas avaliam-se pelos resultados e a verdade é que nos últimos três anos a implementação de um conjunto de medidas de austeridade teve um fortíssimo impacto social em Portugal. Uma muito elevada taxa de desemprego, a destruição massiva de emprego permanente e a tempo completo e uma muito frágil criação de emprego, acompanhada de um aumento do número de trabalhadores pobres, que auferem salários insuficientes para satisfazer as necessidades básicas, geram inquietantes dúvidas sobre o futuro do país ao nível social.

E dado que uma política económica nunca atinge o seu fim quando é unidimensional e se exerce com o propósito de atingir um único objectivo, a verdade é que alcançar um desenvolvimento sustentável pressupõe um equilíbrio entre o económico e o social, implicando considerar como central o bem comum da sociedade. Por exemplo, no que respeita à educação, sabemos que esta, em termos gerais, designa o processo de aquisição e de transmissão de conhecimento e valores, através da escola e de outros meios formativos, sendo a democratização da educação (assegurando o direito de todos à educação, enquanto garantia do direito à igualdade de oportunidades) crucial para a realização dos equilíbrios da própria democracia. Sabendo-se que as desigualdades de formação escolar reproduzem, reforçam e criam desigualdades sociais, o desiderato de robustecer a coesão social passa, justamente, pelo propósito contínuo de democratização da educação. Aliás, neste sentido, a Constituição da República Portuguesa prevê, no seu artigo 73.º, que "todos têm direito à educação e à cultura" (n.º 1) e que "o Estado promove a democratização da educação e as demais condições para que a educação, realizada através da escola e de outros meios formativos, contribua para a igualdade de oportunidades, a superação das desigualdades económicas, sociais e culturais (...) para o progresso social e para a participação democrática na vida colectiva (n.º 2)."

Acresce que, se em Portugal assistimos, nos últimos trinta anos, a uma democratização do ensino, é ainda escassa a articulação entre a investigação científica – produzida pela comunidade científica em laboratórios e centros de investigação – as empresas e a sociedade. Assim, importa prosseguir uma articulação entre centros de investigação e laboratórios públicos com empresas (e incubadoras de empresas), numa lógica de complementaridade, criando uma rede de atores que permita alavancar de forma sustentável a competitividade empresarial, na dupla dimensão tecnológica e territorial, potenciando a atracção de investimento com forte valor acrescentado e de futuro. Reter os trabalhadores mais qualificados, por exemplo mediante incubadoras de empresas, quer sejam incubadoras de empresas nas Universidades (tendo por objectivo apoiar *spin-offs* das universidades) quer sejam incubadoras associadas a Municípios (com o objectivo de apoiar o empreendedorismo de base local) quer sejam incubadoras de empresas geridas por associações empresariais quer, ainda, sejam incubadoras de empresas privadas[34]. Advém ainda a necessidade de um robustecimento do conjunto dos recursos humanos em áreas de investigação que se prende, desde logo, com a necessidade de assegurar que as unidades de investigação proporcionem projectos de carácter inovador e

[34] Para facultar oportunidades de emprego importa incentivar a cooperação com as autarquias locais apoiando localmente a criação de emprego e a fixação de empresas pois nunca, como hoje, a ideia de valorizar o papel de proximidade dos municípios com as populações se tornou tão crucial.

de interesse público, valorizando os *outputs* da investigação aquando da sua aplicação às empresas e à sociedade[35].

5.2. Gestão de Recursos Humanos, condições de trabalho e inovação

Não há desequilíbrio mais grave, mais ameaçador para a sociedade, do que um nível de desemprego elevado. E se a coesão social é um dos mais preciosos investimentos a longo prazo, importa acautelar um razoável nível de equidade social, em especial no que respeita ao mercado de trabalho.

Vivemos um momento de pronunciadas desigualdades salariais e sociais e desde o início desta crise financeira internacional diversas organizações internacionais, como a OIT, têm vindo a chamar a atenção para o problema da distribuição de rendimentos em diversos países do mundo – designadamente em Portugal – e o crescente fosso entre o rendimento dos trabalhadores mais bem pagos e os menos bem pagos, assim como para a necessidade premente de se implementarem políticas públicas em matéria de correcção destas crescentes disparidades (OIT, 2012).

A verdade é que o mercado de trabalho europeu evidencia fortes diferenças entre países não só ao nível das taxas de desemprego mas também por tipo de vínculo contratual, com países como o Luxemburgo ou a Áustria a apresentar uma muito reduzida precariedade laboral e, no polo oposto, países com elevada proporção de contratos a termo e/ou temporários, como a Polónia, Espanha e Portugal. No nosso país a contratação precária atinge diversas faixas etárias mas é sobretudo notória junto dos jovens que, na sua maioria, saem do sistema de ensino caindo numa cadeia de contratações precárias, que os sujeita a uma forte instabilidade profissional e a baixos salários.[36]

[35] À semelhança do que tem acontecido ao nível europeu, têm sido considerados prioritários os objectivos ínsitos no *Innovation policy trends in the EU*, relatório *Funding Innovation in the EU*, de identificar tendências na inovação e de analisar um conjunto de boas práticas de governação (mediante uma abordagem *top-down* e uma sensibilização *how-to-do*) quer a nível nacional quer a nível transeuropeu.

[36] Que se intensificou desde 2011, com as sucessivas alterações ao Código do Trabalho, quer visando reduzir o montante das compensações por cessação quer flexibilizando as cessações de contratos de trabalho.

Ora, uma política laboral inadequada que estimule o aumento do emprego precário a médio e a longo prazo terá efeitos negativos no desenvolvimento do país, comprometendo as qualificações dos trabalhadores, a sua saúde e bem-estar, e o que é grave, a capacidade de a economia gerar inovação. E, de acordo com o *Innovation Union Scoreboard 2014*, as diferenças na *performance* de inovação no seio da UE eram acentuadas, sendo este ranking europeu de inovação composto por quatro grupos de países, liderado pela Suécia, seguida pela Dinamarca, Alemanha e Finlândia (os denominados "Innovation Leaders").

Como é sabido Portugal, enquanto Estado-membro da União Europeia, enfrenta actualmente grandes desafios resultantes de fenómenos como a globalização, a livre concorrência internacional e as mudanças tecnológicas. E estas novas realidades têm tido impactos acentuados. Assim, e como foi reconhecido no documento base sobre a Estratégia UE 2020 – que estabeleceu como prioridades o desenvolvimento de uma economia baseada no conhecimento e na inovação, um crescimento sustentável e inclusivo – a Europa está perante um dilema difícil: ou enfrenta colectivamente os desafios a longo prazo (globalização, pressão sobre os recursos humanos), recuperando a competitividade, estimulando a produtividade, colocando-a numa trajectória ascendente de prosperidade ("recuperação forte") ou arrisca sofrer uma perda permanente de riqueza e a ter uma taxa de crescimento lenta ("recuperação lenta"), o que possivelmente provocará níveis elevados de desemprego, perturbações sociais e um declínio relativo no contexto mundial ("década perdida") (European Commission, 2010).

E um dos principais problemas da generalidade dos países da UE é que – contrariamente ao que acontece na Ásia, nos países europeus nórdicos, ou mesmo nos EUA[37] – não potenciam a sua população activa, em especial no que concerne ao investimento na inovação. De facto, ao longo de anos, ao dinamismo económico norte-americano, nórdico e asiático não foi alheio

[37] Embora, nos EUA, muitos considerem já crítica a situação de "desinvestimento" que se iniciou no final dos anos 1990 e fustigou os grandes laboratórios de investigação públicos tornando os salários dos investigadores pouco atraentes. Daí que hoje uma questão que se coloca, com inquietude, é a de saber qual a competitividade deste país em matéria de inovação tecnológica. E, cada vez mais, diversos peritos se pronunciam sobre aquilo que consideram hoje como um défice dos EUA na sua capacidade de inovar.

o forte compromisso em investir em I&D. Assim, para responder a estes principais desafios da UE, é urgente formar uma nova geração que seja realmente criativa. Não somente porque a economia do conhecimento disso necessita mas também porquanto não podemos encarar este milénio pelo mesmo prisma do precedente. A criatividade, que proporciona inovação, é a capacidade para inventar outros caminhos. Sair dos esquemas tradicionais e responder a desafios novos. É um processo mental que implica a geração de novas ideias ou conceitos, ou de novas associações entre as ideias e os conceitos pré-existentes. Só assim será possível compreender o mundo complexo, pleno de interdisciplinaridade, que nos rodeia. E se, em Portugal, pouco se inova, urge contrariar essa tendência. Sobretudo ao nível do ensino, promovendo uma aprendizagem voltada para a inovação e um ensino que reconheça a criatividade e o "saber-fazer" associado às aprendizagens que resultam de experiências. Para assegurar um desenvolvimento sustentável, o país precisa de estar comprometido com um forte investimento na inovação.

5.3. Educação e empregabilidade

Em Portugal, o amplo investimento ao longo da última década, o amplo investimento na qualificação dos portugueses esteve patente no Quadro de Referência Estratégico Nacional 2007/2013, e em particular no Programa Operacional do Potencial Humano (POPH), sendo uma prioridade estrutural para o país a aposta na educação.

Ora, e muito embora nos possamos orgulhar de alguns indicadores em matéria de educação – de referir, por exemplo, que de acordo com um relatório de 2008 da OCDE, Portugal apresentava o melhor rácio de alunos por professor num conjunto de mais de 30 países em 2006[38] – a verdade é que, como se sabe, perante os novos modelos de organização do trabalho, a empregabilidade (conceito recorrentemente usado no discurso político, social e

[38] Ainda segundo este documento em Portugal havia um professor por cada oito alunos inscritos, enquanto os EUA tinham um docente por cada 16 alunos, a Alemanha um por cada 15 e a França um por cada 12. No ensino básico, Portugal ocupava o segundo lugar com um professor para cada 11 alunos, apenas superado pela Hungria com um para 10. No que diz respeito à pré-primária, Portugal situava-se a meio da tabela com 15 alunos por professor e nas universidades públicas portuguesas com um docente para cada 13 alunos (OECD, 2008 a).

económico e que estabelece a interface entre o sistema educativo, a sociedade e o mercado do trabalho) vai sendo consentânea com os sucessos e insucessos vividos no sector da educação (OECD, 2008a).

De facto, e uma vez que as exigências impostas pela mudança na organização do trabalho se reflectem nas novas trajectórias profissionais, tem-se entendido que, com vista à promoção de maior empregabilidade, a aposta na educação é condição indispensável para o sucesso das políticas de emprego. Assim, se as qualificações de um indivíduo resultam das suas aptidões e dos conhecimentos adquiridos por um processo formativo desenvolvido na escola, cada trabalhador, no exercício da sua actividade, adquire capacidades técnicas e experiência profissional que lhe conferem maior autonomia e lhe elevam o nível de "empregabilidade". Deste modo, discutir as possíveis consequências laborais das mutações sociais e organizacionais na área do trabalho e do emprego implica inserir este debate num outro mais amplo: o da sociedade da informação (Rebelo, 2010: 61-68). Quando se fala em sociedade da informação a questão fundamental prende-se, sobretudo, em saber qual será o impacto desta afirmativa "sociedade da informação" na organização do trabalho, em particular ao nível do movimento de ajustamento entre a oferta e a procura, isto é, dos perfis procurados pelas empresas e os perfis profissionais de quem procura emprego. E a propósito da relação escola/empresa convirá realçar que a "Estratégia Europa 2020" visou harmonizar disparidades verificadas entre as economias dos Estados-membros da UE, assegurando um crescimento sustentável e duradouro, mediante os objectivos fundamentais de elevar a taxa de emprego na UE, assim como o de reforçar o investimento em I&D.

Os objectivos da "Estratégia Europa 2020" foram igualmente os de assegurar crescimento económico à UE, em particular através de um incremento dos mecanismos de coordenação, de um esforço colectivo de combate ao desemprego e os desafios da retoma e os desafios a longo prazo (globalização, escassez de recursos energéticos, envelhecimento da população, progresso tecnológico). Mas uma das chaves desta Estratégia conjunta residirá, sem dúvida, na capacidade de envolver os Estados-membros a aplicar conjuntamente uma nova *governance* económica, capaz de restaurar o nosso potencial de crescimento e de responder a diversos pontos ligados à política económica e ao investimento, nomeadamente a educação e a inovação. Será necessário refundar a escola para a adaptar aos desafios do nosso século. A escola e a empresa devem unir-se pois cada uma é um lugar de construção de vida e de futuro para o país (Rebelo, 2010:61-68; Rebelo, 2019: 22-27; Rebelo, 2020:51-55).

Se, por um lado, é preciso que se promova um sistema de educação capaz de transmitir conteúdos mas também uma aprendizagem activa e contínua, ou seja, que se impulsione uma escola que desperte a curiosidade entre os alunos, que os leve a pensar de forma autónoma e a expor a sua criatividade, premiando o esforço (individual e em equipa), por outro, é necessário considerar que as empresas são importantes lugares de expressão de talentos, de todos os talentos, desde a habilidade manual às capacidades intelectuais, e que estas poderão enriquecer a aprendizagem explicando e apresentando as suas diferentes perspectivas de negócio junto das escolas ou ainda facilitar a passagem da escola à vida profissional. Será, pois, do fortalecimento do eixo escola-empresa que resultará o sucesso na sociedade da informação. Na génese do êxito das escolas está a organização, não só administrativa, mas pedagógica. Esta preocupação vem exigir um reequacionar da relação entre a escola e a empresa. Os sistemas de educação e formação deverão, portanto, adaptar-se a um ambiente técnico-organizacional, tornando-se num local de difusão e valorização desses saberes, nomeadamente mediante "projectos de orientação escola/empresa" que possibilitem um acompanhamento individual com vista a uma melhor integração do indivíduo na empresa ou através da implementação de programas de cultura científica e técnica que definam campos de competência úteis às empresas.

Assim, a escola deverá orientar-se a três grandes objectivos: o desenvolvimento da cultura científica e técnica; a modernização dos sistemas de avaliação e validação dos conhecimentos, adaptáveis às novas dinâmicas da qualificação; e a multiplicação dos instrumentos pedagógicos. Sujeita a constrangimentos permanentes em matéria de inovação, a empresa deverá contar com as competências (que combinem "saber" e "saber-fazer") dos seus trabalhadores nos processos de adaptação, prevenindo eventuais desajustes na procura e na oferta de trabalho, procedendo se necessário a um diagnóstico das necessidades e empresariais e sectoriais (Rebelo, 2019; Rebelo 2020). Esta articulação, de natureza operacional, exigirá um compromisso de natureza interinstitucional, quer a nível sectorial quer ao nível das políticas públicas de educação e de trabalho. É preciso considerar que a educação tem um papel central no processo da empregabilidade (European Commission, 2014; Rebelo, 2019:22-27).

De facto, a educação assume um papel de base no processo da empregabilidade, de formação ao longo da vida – isto é, numa perspectiva de aprendizagem contínua – adoptando um modelo sequencial assente na ligação formação inicial /formação contínua[39]. Paralelamente, torna-se necessário instruir os indivíduos orientando-os para as necessidades do mercado de trabalho, enfatizando a necessidade de operacionalizar os conhecimentos obtidos mediante uma articulação teórico-prática virada para as necessidades de competitividade das empresas (Rebelo, 2003:25; Rebelo, 2006: 55-65; Rebelo, 2020:51-55). Urge que se promova um sistema de educação que seja capaz de transmitir conteúdos mas também que promova uma aprendizagem activa, ou seja que desperte a curiosidade entre os alunos, que os leve a pensar de forma autónoma e a expor a sua criatividade. Em breves palavras que aprendam a esforçar-se para assim se desenvolverem enquanto pessoas, um sistema de educação que promova o esforço, a autonomia e a criatividade.

Num outro nível, impõe-se identicamente o fortalecimento do espaço universidade/sociedade, no qual se inclui a relação entre universidade e empresa. Em suma, no âmbito de um desígnio global de promover mais empregabilidade, a escola – e o sistema de educação/formação – deve visar o desenvolvimento de cada pessoa, facultando a aquisição de um conjunto de competências estratégicas ao longo da vida e, concomitantemente, preocupar-se em responder à satisfação das necessidades do mercado de trabalho (European Commission, 2013).

[39] Na prossecução desta ideia, a responsabilidade pela empregabilidade deve ser partilhada por todos os actores sociais: o empregador, no sentido de manter a empregabilidade dos seus subordinados, diagnosticando atempadamente a necessidade de desenvolvimento de competências adequadas à sua empresa; o trabalhador, que deve preparar-se, em termos de reforço de competências, para o futuro e, por fim, os poderes públicos, com especial destaque para o Estado, responsável em primeira linha pela formação de base dos indivíduos, quer seja inicial ou contínua.

5.4. Considerações finais

Sendo o intento de incentivar a actividade científica e I&D com os objectivos de encorajar investimento e criar emprego, combater o "défice de inovação" em Portugal é um dos principais desafios da actualidade. Urge compreender que a promoção de inovação passa não só por um investimento contínuo na educação, como também em facultar melhores condições de trabalho à população activa. Uma economia assente na precariedade dos vínculos laborais e em baixos salários não gera inovação tecnológica, pois é da valorização dos recursos humanos que emerge a inovação. Assim, importa reforçar a cadeia de inovação e acelerar níveis de investimento nesta área, promovendo o desenvolvimento das qualificações ao longo da vida e a participação dos trabalhadores, estabelecendo um maior ajustamento entre a oferta e a procura. E, acima de tudo, importa criar condições atractivas para os nossos recursos humanos qualificados, que os motivem a permanecer no país.

A apreensão do futuro é essencial para o devir de uma sociedade. Em Portugal, desde o início desta crise financeira internacional, tem aumentado a segmentação do mercado de trabalho e a contratação precária atinge diversas faixas etárias, sendo especialmente notória desde 2011, altura em que se assistiu a uma reconfiguração do mercado de trabalho, que passa pela destruição de emprego permanente e a tempo completo e pelo aumento de emprego não permanente e a tempo parcial e, ainda, do subemprego. Ora, esta tendência para o aumento do emprego precário terá efeitos negativos no desenvolvimento e na própria competitividade do país, comprometendo as qualificações dos trabalhadores, a sua saúde e bem-estar, e o que é grave, a capacidade de a economia gerar inovação. E há que questionar a competitividade do país em matéria de inovação porque esta é o motor do desenvolvimento a médio e a longo prazo.

Se um pouco por todo o mundo, cresce a preocupação com o chamado "défice de inovação", também em Portugal precisamos de trabalhadores que gerem realmente inovação em ambiente de trabalho. Não só porque a economia do conhecimento assim o exige mas também porque a inovação é um processo que implica a geração de novas ideias ou conceitos, de novas associações de ideias e de conceitos pré-existentes mas que antes não se conciliavam. Nesse sentido é preciso promover a cultura de cooperação entre as instituições científicas e as empresas dos diferentes sectores económicos e disseminar boas práticas para reforçar a dinâmica de inovação (European Commission, 2014). E sendo o "défice de inovação" um dos principais desafios da generalidade dos países da União Europeia, urge compreender que a promoção de inovação passa não só por um investimento contínuo na educação e na formação, como também em facultar melhores condições de trabalho à população activa. Uma economia assente na precariedade dos vínculos laborais e em baixos salários não gera inovação tecnológica, pois é da valorização dos recursos humanos que emerge a inovação (Rebelo, 2014c; Rebelo, 2020: 51-55).

Em presença de um projecto de mudança na organização do trabalho, hoje são muitas as empresas que privilegiam como orientação estratégica a visão de que não podem permitir desperdiçar pessoal qualificado, devendo, se for possível, construir a "empresa do amanhã" com os "trabalhadores de hoje". E, para nós, a mobilidade funcional assume na actualidade extrema importância para a competitividade empresarial: se para os empregadores pode significar a possibilidade de dar respostas atempadas a solicitações (previstas ou imprevistas) de clientes cada vez mais exigentes, para os trabalhadores significa, e tendencialmente cada vez mais, uma condição de manutenção de emprego. Em matéria de mobilidade funcional o que releva é, a mobilização efectiva das competências do trabalhador – mediante a sua iniciativa e a assunção das suas consequências concretas – numa relação de trabalho necessariamente dinâmica. No plano jurídico duas vias têm sido adoptadas para promover as mobilidades (internas e externas) nas empresas: por via das convenções colectivas de trabalho ou dos contratos individuais de trabalho. No desempenho da sua actividade é possível ao trabalhador conceber o seu percurso profissional, sendo que esta pressupõe uma prévia contratualização no sentido de esta ser o resultado e uma combinação entre as exigências ao nível das competências individuais e das competências organizacionais, ou seja, determinar o âmbito no qual este deve mobilizar as suas competências-recurso de forma efectiva, numa relação de trabalho considerada *ab initio* como necessariamente dinâmica.

De acordo com o INE, relativamente aos três indicadores Europa 2020 – taxa de emprego dos 20 aos 64 anos, taxa de abandono precoce de educação e formação e taxa de escolaridade do ensino superior – com metas para Portugal de 75%, 10% e 40%, respetivamente, em 2018 observaram os seguintes valores:

75,4%, 11,8% e 33,5% (tendo sido de 73,4%, 12,6% e 33,5% em 2017). Ou seja, a taxa de escolaridade do ensino superior está aquém da meta proposta para 2020.Acresce que, segundo o INE, em 2018, dos jovens dos 15 aos 34 anos residentes em Portugal, 9,9% não tinham emprego nem estavam a estudar ou em formação (218,2 mil).

A actual realidade da economia portuguesa justifica uma estratégia que privilegie a investigação científica e nas políticas de qualificação (de jovens e de adultos) e, no essencial, um processo de valorização do factor trabalho e de promoção de uma melhoria das condições de trabalho (Rebelo, 2020:51-55). Há, acima de tudo, que procurar evitar destruição de emprego (através da cessação de contratos de trabalho) identificando de forma estratégica as competências dos trabalhadores (detidas e potenciais), e propondo ao nível das políticas de Gestão de Recursos Humanos das empresas uma adaptação aos empregos correspondente à "nova organização", o que implica a adopção de algumas medidas em matéria de flexibilidade funcional. Importa procurar construir a "empresa do amanhã" com os "trabalhadores de hoje", a "sociedade do amanhã" com os trabalhadores de hoje.

Uma lei do trabalho que acentue a segmentação do mercado de trabalho comprometerá a competitividade do país. As empresas enfrentam necessidades de modificações súbitas que, por vezes, exigem respostas muito rápidas e processos de mudança onde se implemente simultaneamente o muito simples e o muito complexo mas, ante essas exigências empresariais, há que assegurar um equilíbrio entre interesses empresariais e direitos dos trabalhadores, procurando conciliar quer interesses económicos (ligados ao empregador-empresário), quer interesses sociais (ligados aos trabalhadores). Mesmo firmando um contrato de trabalho assente numa relação contratual duradoura, as partes (empregador e trabalhador) têm hoje de se adaptar a um quadro de constante mudança económico-organizacional e mais do que uma evolução do sistema juslaboral marcada por uma inflexão significativa no domínio da salvaguarda das garantias individuais no quadro da prestação de trabalho subordinado, pelo que é fundamental advogar uma mudança com vista a assegurar a adequada tutela e dignidade (pessoal e social) do trabalhador, propondo medidas de flexibilidade qualitativa que, simultaneamente, valorizem a pessoa e o trabalho na empresa e permitam, envolvendo empregadores e trabalhadores, alcançar maior produtividade e, em consequência, aumentar a competitividade empresarial (Rebelo, 2004: 186).

Assim, no âmbito da estratégia para o desenvolvimento no plano da educação importa que o desenvolvimento inclusivo assente na inovação e no reforço do investimento na educação e formação da população, preparando as gerações mais novas para um mercado de trabalho que requer novas competências, associadas em particular à economia digital. Paralelamente, será premente melhorar as competências da população adulta, que não pode ficar excluída do processo de digitalização da economia, tornando-a apta a incrementar processos de inovação empresarial (Rebelo, 2019).

Referências

Commission Européenne (2005), *Education et formation tout au long de la vie et compétences clés pour nous: des contributions essentielles à la prospérité et à la cohésion sociale*. Bruxelles.

Communication from the Commission to the European Parliament, the Council, the European Economic and Social Committee and the Committee of the Regions (2009), *Mainstreaming sustainable development into EU policies, Review of the European Union Strategy for Sustainable Development*, COM/2009/0400 final.

EACEA (2014), *Lifelong Learning Programme 2007-2013*, Education, Audiovisual and Culture Executive Agency.

European Commission (2005), *Modernising education and training systems: a vital contribution to prosperity and social cohesion in Europe.* MEMO/05/415, Brussels.

European Commission (2008), *Progress towards the Lisbon objectives in education and training – Indicators and benchmarks 2008.* Brussels.

European Commission (2010), *Strategic framework for European cooperation in education and training ("ET 2020").* Brussels.

European Commission (2013), *Education and Training in Europe 2020 – Responses from the EU Member States.* European Commission/EACEA/Eurydice, Brussels.

European Commission (2014), *Modernisation of Higher Education in Europe: Access, Retention and Employability.* European Commission/EACEA/Eurydice, Brussels.

Kok, W. (2004), *Facing the Challenge: The Lisbon strategy for growth and employment.* High Level Group, Office for Official Publications of the European Communities, Luxembourg.

OECD (2005), *Teachers Matter.* Paris, OECD.

OECD (2006a), *Are Students Ready for a Technology-Rich World? What PISA Studies Tell us?* Paris, OECD.

OECD (2006b), *Starting Well or Losing their Way? The position of Youth in the Labour Market in OECD countries.* Paris, OECD Social, Employment and Migration Working Papers.

OECD (2007a), *Education at a Glance.* Paris, OECD.

OECD (2007b), *PISA 2006, Science Competencies For Tomorrow World.* Paris, OECD.

OECD (2008a), *Economic survey of Portugal 2008*, Paris, OECD.

OECD (2008b), *Improving School Leadership.* Paris, OECD.

OIT (2012), *Global Wage Report 2012/13.* Genebra, Organização Internacional do Trabalho.

Rebelo, G. (2002a), "A redução do horário de trabalho: que vantagens, que garantias?". In AAVV, *Actas do VIII Encontro Nacional da APSIOT, O Futuro do Trabalho: Novas Relações e Competências.* Oeiras, Celta: 413-430.

Rebelo, G. (2002b), *Breves Reflexões Acerca da Reorganização Laboral na Década de 1990.* WP Departamento de Economia e Gestão/ULHT n.º 7, Lisboa.

Rebelo, G. (2002c), "Flexibilidade ou precariedade? Alguns exemplos de formas de trabalho/emprego no contexto europeu". In AAVV, *Actas do IX Encontro da APSIOT*, Cd-rom, Oeiras, Celta.

Rebelo, G. (2002d), "Mulheres, terciarização e precariedade". In AAVV, *Actas do Intercongressos, Família, Género e Sexualidade nas Sociedades Contemporâneas.* Associação Portuguesa de Sociologia, Lisboa, ISCTE.

Rebelo, G. (2003), *Emprego e Contratação Laboral em Portugal – Uma Análise Socioeconómica e Jurídica.* Lisboa, EditoraRH.

Rebelo, G. (2004), "Os desafios da Gestão pela Competência para o Direito do Trabalho". In *A Era da Competência – Um novo paradigma para a Gestão de Recursos Humanos e o Direito do Trabalho.* Lisboa, EditoraRH: 185-203.

Rebelo, G. (2005a),"Do conceito de actividade no Código do Trabalho". *Revista da Ordem dos Advogados*, ano 65, II, Ordem dos Advogados: 503-514.

Rebelo, G. (2005b), "Para uma organização qualificante: da importância dos conceitos de actividade e de mobilidade funcional no Código do Trabalho". *Questões Laborais*, n.º 25: 1-14.

Rebelo, G. (2006a) "Direito e Gestão: a lógica da actividade no Código do Trabalho". *Revista Portuguesa e Brasileira de Gestão* n.º 5, INDEG/ISCTE: 14-22.

Rebelo, G. (2006b), "Educação, formação e emprego: por uma cultura de inovação". *Sociedade e Trabalho* n.º 29: 55-65.

Rebelo, G. (2006c), *Flexibilidade e Diversidade Laboral em Portugal.* Lisboa, WP Dinâmia/ISCTE n.º 50.

Rebelo, G. (2008), *A Revisão do Código do Trabalho.* Lisboa, WP Dinâmia/ISCTE n.º 70.

Rebelo, G. (2009a), "Mercado de trabalho: o desafio demográfico", *Cadernos de Economia* n.º 89, Out./Dez. de 2009, Ordem dos Economistas: 57-60.

Rebelo, G. (2009b) "Notas sobre a Revisão do Código do Trabalho". *Sociedade e Trabalho*, n.º 37 (Jan./Abr.): 79-94.

Rebelo, G. (2009c), "Parentalidade e Família no Código do Trabalho". *Questões Laborais* n.º 32: 241-258.

Rebelo, G. (2010), "Flexibilidade, educação e formação". In *Trabalho e Emprego – Actualidade e Prospectiva.* Lisboa, Edições Sílabo: 61-68.

Rebelo, G. (2012), "Por uma nova relação entre escola e empresa". In *Trabalho e Emprego – Atualidade e Prospetiva vol. 2*. Lisboa, Edições Sílabo: 19-27.

Rebelo, G. (2014a), "Democracia, austeridade e educação". In *Estado Social e Austeridade.* Lisboa, Edições Sílabo:73-75.

Rebelo, G. (2014b), "Emprego qualificado e polos de competitividade". In *Estado Social e Austeridade.* Lisboa, Edições Sílabo: 50-52

Rebelo, G. (2014c), "O défice de inovação". In *Estado Social e Austeridade.* Lisboa: Edições Sílabo: 104-106.

Rebelo, G. (2019), "A Educação como meio de assegurar uma sociedade menos desigual". *Cadernos de Economia* n.º 127, Abr./Jun., Ordem dos Economistas: 22-27.

Rebelo G. (2020),"A transição digital no trabalho e na educação: que mudança?" *Cadernos de Economia* n.º 131, Abr./Jun., Ordem dos Economistas:51-55.

6. O COOPERATIVISMO: QUE DESAFIOS?[40]

6.1. O sector cooperativo e a agenda económica e social

Com a proclamação de "2012 – Ano Internacional das Cooperativas", sobretudo considerando o então momento de crise internacional, a ONU veio realçar o papel das cooperativas no desenvolvimento social e económico de países e regiões. E estando o mundo a viver as sequelas de uma fortíssima crise financeira – que rapidamente contagiou a economia real – a ONU fez um interessantíssimo apelo às organizações representativas do sector da economia social e aos Governos para papel das cooperativas.

Se parece imperioso afirmar que a União Europeia necessita de um projecto de renovação da agenda económica e social, apta a melhor responder a crises de idêntica ou maior dimensão – designadamente, ao aumento significativo do desemprego e ao acentuar das situações de desigualdade social, de pobreza e de exclusão social – que exige dos poderes públicos a assunção de um papel decisivo em matéria de intervenção e correcção destes desregramentos e consequentes desigualdades, a verdade é que o sector cooperativo pode contribuir, ainda que em parte, para a sua superação.

Ora, aqueles que pugnam pela manutenção do Estado Social – ainda que exigindo uma contínua correcção das suas imperfeições – sabem que assegurar a sua sustentabilidade é cuidar do futuro. Como defendia o ensaísta

[40] Texto revisto e adaptado de artigo publicado sob o título "Ano Internacional das Cooperativas: que desafio?" na revista *Dirigir & Formar* n.º 2 , Jan./ Mar. 2013: 44-47.

António Sérgio, "as relações da Democracia política e da Democracia social são recíprocas. (...). Que entendemos nós por Democracia Social? Entendemos um sistema de vida económica inspirado de facto pela vontade geral, que é a vontade dos cidadãos como consumidores (...). O instrumento de realização de democracia social (por meios privados e não políticos – fora do Estado – tem certa analogia com o regime parlamentar: (esse instrumento) é a cooperativa de consumo, desenvolvida até produzir o que distribuirá pelos sócios, fornecendo-lho pelo custo de produção[41] (Sérgio, 1974a: 91-92). Assim, na concepção deste autor, o cooperativismo – enquanto regime económico em que é soberano o consumidor – é o sistema em que se não realiza a produção para alcançar um lucro para o produtor (como sucede no capitalismo) mas sim, e exclusivamente, para satisfazer uma necessidade do consumidor, sem lucro para quem quer que seja (Sérgio, 1974a:78).

Ora, na actualidade, e à semelhança do que já vai acontecendo na economia europeia, as respostas no âmbito da economia social vêm demonstrando uma relevante capacidade de criar emprego de qualidade reforçando, concomitantemente, a coesão social, económica e regional[42], uma vez que, ao aliar rentabilidade e solidariedade, geram um importante capital social, promovendo a cidadania activa e a solidariedade social. Como se sabe, as entidades que integram o sector social desenvolvem actividades essenciais no domínio da acção social, em especial através da prestação de serviços de assistência de proximidade e da integração social activa de grupos vulneráveis contribuindo, desse modo, para a criação de emprego e para o desenvolvimento local e a coesão social.

Actualmente, o intento de assegurar mais justiça social, coesão e solidariedade permanece prioritário. Tanto mais que de acordo com os dados do Eurostat, particularmente preocupante é a evolução da taxa de risco de pobreza no conjunto dos países da Zona Euro, passando de 15,5% em 2005 para

[41] Cabe referir que António Sérgio não entendia a ideia cooperativa numa perspectiva exclusivista, advogando "não é necessário que a economia de um povo entre toda no molde da ideia cooperativa para que as sociedades cooperativas que nele funcionam realizem de facto uma revolução profunda, obrigando o sector capitalista da economia a corrigir-se em grande parte da sua injustiça (Sérgio, 1974a: 290).

[42] Aliás, na linha do que também sublinha a Resolução do Parlamento Europeu 2008/2250 (INI), de 19 de Fevereiro de 2009.

17,2% em 2015 e 17% em 2017. Em países como a Bélgica de 14,9% para 15,9%; a Alemanha, de 12,2% para 16,1%; a Estónia de 18,3% para 21,0%; a Espanha, de 20,1% para 21,6%; a Itália de 19,2% para 20,3%; a Letónia de 19,4% para 22,1%; a Lituânia de 20,5% para 22,9%; o Luxemburgo de 13,7% para 18,7%; Malta de 14,3% para 16,7%; os Países Baixos, de 10,7% para 13,2%; a Eslovénia de 12,2% para 13,3%; a Áustria de 12,6 % para 14,4%; ou a Suécia, de 9,5% para 15,8% (Eurostat, 2018).

Por estas razões, o reforço do sector social pode constituir um inquestionável pilar do desenvolvimento socioeconómico do nosso País. Esta aposta funda-se no reconhecimento de que este sector da economia contribui de forma decisiva para a promoção de inovação social, criando riqueza, emprego e, em grande medida, promovendo, simultaneamente, a coesão social e a racionalização dos recursos públicos, atenta a sua capacidade de gerar mais oferta social a custos inferiores. Nesta perspectiva, o reforço da aliança entre o Estado e as organizações da economia social é crucial face à sua capacidade de desenvolver, no interior das economias de mercado, redes de solidariedade, dinâmicas e espaços de resolução de problemas, numa base de proximidade. Além do mais, revitaliza novos modelos de interacção entre o Estado, a sociedade civil e o mercado.

6.2. Estímulos à Economia Social

Constitucionalmente consagrado, o sector cooperativo e social constitui um dos pilares fundamentais da organização económico-social do Estado e um dos sectores de propriedade dos meios de produção, nos termos do disposto na alínea f) do artigo 80.º e no n.º 4 do artigo 82.º da Constituição da República Portuguesa. Além de apoiar o desenvolvimento sustentável e a inovação social, ambiental e tecnológica, o sector social chama as pessoas a um primeiro plano, dado que a presença e intervenção na economia das organizações de economia social se baseia em princípios de interesse público, isto é, na defesa dos interesses colectivos e em mecanismos de cooperação e de solidariedade.

Atendendo a esta circunstância, e no sentido do fortalecimento deste sector, desde 2006 foram criados estímulos à economia social. Desde logo, em 2006, através da Resolução do Conselho de Ministros n.º 39/2006, de 21 de Abril – que procedeu ao enquadramento estratégico, a avaliação organizacional simultânea da macroestrutura de todos os ministérios, através da concretização e avaliação das suas atribuições, competências e estruturas administrativas e dos seus recursos financeiros e humanos – o Instituto António Sérgio do Sector Cooperativo, I. P. (INSCOOP) deixou de integrar a Administração Central do Estado[43].

Em 2009 – e reconhecendo que o sector cooperativo e social constitui um sustentáculo fundamental da organização económica nacional – foi criada, pelo Decreto-Lei n.º 282/2009, de 7 de Outubro, a Cooperativa António Sérgio para Economia Social[44]. Esta cooperativa concebe condições institucionais favoráveis ao alcance dos objectivos de reforço e dinamização do papel da economia social, promovendo o envolvimento e responsabilização de todos os intervenientes e beneficiando do contacto privilegiado com as circunstâncias que reclamam o exercício da autoridade pública. Ainda em 2009 foi concretizado um programa específico de estágios profissionais, o INOV-Social – aprovado pela Resolução do Conselho de Ministros n.º 112/2009, de 26 de Novembro – visando a colocação de jovens quadros qualificados junto das instituições de economia social, com vista ao reforço da sua gestão e modernização[45] e, em 2010, foi consagrado – através da Resolução do Conselho de Ministros n.º 16/2010, de 4 de Março – um conjunto articulado de medidas de estímulo ao desenvolvimento da economia social, por via da aprovação

[43] Isso mesmo foi consagrado na orgânica do Ministério do Trabalho e da Solidariedade Social, aprovada pelo Decreto-Lei n.º 211/2006, 27 de Outubro, alterada pelo Decreto-Lei n.º 326-B/2007, de 28 de Setembro, que prevê, no n.º 2 do seu artigo 39.º, a externalização do Instituto António Sérgio do Sector Cooperativo, I. P. (INSCOOP), através da aprovação de novo enquadramento jurídico. Autorizou-se, assim, que a Cooperativa António Sérgio para a Economia Social sucedesse ao INSCOOP no exercício das suas competências e na prossecução das suas atribuições de serviço público.

[44] Tratando-se de uma Cooperativa de Interesse Público de Responsabilidade Limitada, sob a figura de régie cooperativa, esta instituição resulta de uma parceria entre o Estado, que detém 60% do capital social, e de "actores" da designada economia social, como a Confederação Nacional das Instituições de Solidariedade, União das Misericórdias Portuguesas, União das Mutualidades Portuguesas, Confederação Cooperativa Portuguesa, Confederação Nacional das Cooperativas Agrícolas e do Crédito Agrícola, e Associação Portuguesa para o Desenvolvimento Local.

[45] Acresce que esta iniciativa visa a inserção de jovens quadros qualificados em instituições da economia social e em empresas e instituições cuja actividade se integre nas áreas da mediação sociocultural, da promoção da inclusão e do combate à pobreza e à exclusão social, tendo em vista apoiar a modernização das instituições e o emprego jovem.

do Programa de Apoio ao Desenvolvimento da Economia Social (PADES). O PADES tinha como objectivo permitir o acesso a programas específicos de desenvolvimento das suas actividades de natureza social e solidária às entidades que integram o sector social, ou seja, as instituições particulares de solidariedade social, as mutualidades, as misericórdias, as cooperativas, as associações de desenvolvimento local e outras entidades da economia social sem fins lucrativos. Em 2010 foi criado o Conselho Nacional para a Economia Social, órgão consultivo, de avaliação e de acompanhamento ao nível das políticas ligadas à dinamização e ao crescimento da economia social. Este órgão será ainda responsável pela criação de estruturas e de mecanismos específicos de apoios e de incentivos ao exercício da sua actividade e ao seu desenvolvimento e visa concretizar mais uma medida de reforço do sector social. Em 2011[46] foi criada, pela Portaria n.º 42/2011, de 19 de Janeiro, uma linha de crédito bonificado, específica para as entidades que integram o sector social no âmbito do Programa de Apoio à Economia Social (SOCIAL INVESTE), incentivando o desenvolvimento das actividades de natureza social e solidária das entidades que integram o sector social. Este programa foi promovido e executado pela Cooperativa António Sérgio para a Economia Social e pelo Instituto do Emprego e Formação Profissional.

Em 2013, a Lei n.º 30/2013, de 8 de Maio, estabeleceu a Lei de Bases da Economia Social e a Lei n.º 67/2013, de 28 de Agosto, aprovou a lei-quadro das entidades administrativas independentes com funções de regulação da actividade económica dos sectores privado, público e cooperativo. Em 2014, mediante a Resolução do Conselho de Ministros n.º 73-A/2014, de 16 de Dezembro, o Governo criou a Estrutura de Missão Portugal Inovação Social. Em 2015 a Lei n.º 119/2015, de 31 de agosto, veio aprovar o Código Cooperativo e revogar a Lei n.º 51/96, de 7 de Setembro e o Decreto-Lei n.º 1/2015, de 15 de Dezembro, veio alterar a designação do Instituto de Seguros de Portugal para Autoridade de Supervisão de Seguros e Fundos de Pensões e aprovar os estatutos desta entidade. Mais recentemente, em 2017, o Decreto-Lei nº 39/2017, de 4 de Abril, alterou o Decreto-Lei n.º 282/2009, de 7 de Outubro

[46] Também em Espanha foi, em 2011, aprovada uma Lei de Economia Social (Lei 5/2011, de 29 de Março) com o objectivo de permitir o reconhecimento e maior visibilidade da economia social, designadamente estabelecendo os princípios que devem contemplar as diversas entidades que a formam.

(que reconheceu a economia social como decisiva para a criação de riqueza, de emprego e para a promoção da coesão social e a racionalização dos recursos públicos) e o Decreto-Lei n.º 48/2017, de 22 de Maio, veio criar o Conselho Nacional de Políticas de Solidariedade e Segurança Social. Em 2018, o Decreto-Lei n.º 59/2018, de 2 de Agosto, veio aprovar o Código das Associações Mutualistas e, já este ano, o Decreto-Lei n.º 37/2019, de 15 de Março, clarificou o regime transitório de supervisão das associações mutualistas e alterou o Decreto-Lei n.º 59/2018, de 2 de Agosto, sendo que o Despacho n.º 2912/2019, de 19 de Março constituiu a comissão de acompanhamento do período de transição das associações mutualistas sujeitas ao regime de supervisão (Rebelo, 2019: 22-27).

6.3. Considerações finais

Reconhecido na Constituição Portuguesa, é inquestionável o posicionamento central do sector cooperativo e social como sector de propriedade dos meios de produção e pilar importante da organização socioeconómica do Estado português.

Claramente em consonância com os princípios orientadores do modelo de governação das políticas públicas – que hoje reclamam novas formas de relacionamento entre o Estado, os cidadãos e as instituições da economia social e do terceiro sector em geral – o objectivo de pensar a democracia social e, a par, a economia social (na medida em que também é um instrumento de realização da democracia social) será também o propósito de criar emprego, reforçar a coesão social, económica e regional e promover uma cidadania activa, incrementando a solidariedade. Trata-se de salientar, no plano da economia, importantes valores democráticos que – para além de apoiar o desenvolvimento sustentável e a inovação social, ambiental e tecnológica – colocam as pessoas em primeiro lugar (Rebelo, 2019: 22-27).

Acresce que, no intuito de assumir para Portugal um rumo de desenvolvimento sustentável no quadro da definição de uma agenda para a competitividade e crescimento europeia, através da adopção de um modelo de sustentabilidade económica e ambiental, convirá que o relançamento da nossa economia passe, identicamente, pela criação de valor e de emprego qualificado no sector da economia social, sector potenciador de um desenvolvimento socioeconómico mais solidário e, neste contexto, essencial no domínio da acção social, em especial através da prestação de serviços de assistência de proximidade e da integração social de grupos vulneráveis (Rebelo, 2019: 22-27).

Por outro lado, e dado que a presença das organizações do sector social no domínio económico se baseia em princípios de defesa dos interesses colectivos e em mecanismos de cooperação e de solidariedade, importa reforçar a intervenção estratégica a prosseguir nesta área, quer ao nível da qualificação e formação profissional quer da criação de estruturas e de mecanismos específicos de apoios e de incentivos ao exercício da sua actividade e ao seu desenvolvimento.

Independentemente da diversidade de estatutos jurídicos que podem adoptar, as organizações da economia social partilham princípios e valores comuns, designadamente o espírito de iniciativa e de entreajuda, determinantes para o fortalecimento da Democracia e para a construção de uma sociedade mais solidária, e capazes de induzir uma maior intervenção cívica e maior responsabilização colectiva na promoção do bem-estar social.

Nesta perspectiva, o fortalecimento da aliança entre o Estado e as organizações da economia social – nomeadamente pelo incremento da actividade em áreas existentes ou em novas áreas de intervenção e na modernização dos serviços prestados às comunidades – face à sua capacidade de desenvolver redes de solidariedade, dinâmicas e, numa base de proximidade, revitalizar novos modelos de interacção entre o Estado a sociedade civil organizada e o mercado.

Referências

CIRIEC (2000), *As Empresas e Organizações do Terceiro Sistema – Um Desafio Estratégico para o Emprego*. Lisboa, Inscoop-Instituto António Sérgio do Sector Cooperativo.

Estivill, J., *et al.* (1997), *Las Empresas Sociales en Europa*. Comisión Europea/Dirección General V, Barcelona, Hacer Editorial.

Eurostat (2010), *Eurostat– Euroindicators*. 162/2010, Eurostat Press Office.

Eurostat (2019), *Estatísticas sobre Pobreza Monetária*. Eurostat Press Office. (disponível em https://ec.europa.eu/eurostat/statistics-explained/index.php?title=Income_poverty_statistics/pt&oldid=228847).

Gazier, B., *et al.* (1999), *L'Économie Sociale – Formes d'organisation et Institutions*. Tomo I, Paris, L'Harmattan.

International Labour Office (2008), *World of Work Report 2008: Income inequalities in the age of financial globalization*. Geneve, ILO-OIT.

Jeantet, T. (1999), *L'Économie Sociale Européenne – ou la tentation de la démocratie en toutes choses*. Paris, CIEM Édition.

Rebelo, G. (2003), *Emprego e Contratação Laboral em Portugal – Uma Análise Socioeconómica e Jurídica*. Lisboa, EditoraRH.

Rebelo, G. (2010), *Trabalho e Emprego – Actualidade e Prospectiva*. Lisboa, Edições Sílabo.

Rebelo, G. (2014), "Crescimento sustentável e sector cooperativo". *Cadernos de Economia*, n.º 106, Jan./Mar., Ordem dos Economistas: 54-57.

Rebelo, G. (2016), "Coesão Social e Territorial - Da Importância do Sector Cooperativo". *Cadernos de Economia*, n.º 116, Jul./Set., Ordem dos Economistas: 39-34.

Rebelo, G. (2019), "O cooperativismo no actual contexto socioeconómico". *Cadernos de Economia* n.º 127, Abr./Jun., Ordem dos Economistas: 22-27.

Sérgio, A. (1974a), *Democracia – Diálogos de Doutrina Democrática, Alocução aos Socialistas, Cartas ao Terceiro Homem. Obras Completas*. Lisboa, Clássicos Sá da Costa.

Sérgio, A. (1974b), *Ensaios – Tomo VII, Obras Completas*. Lisboa, Clássicos Sá da Costa.

7. EMPREGO SÉNIOR E CONDIÇÕES DE TRABALHO[47]

7.1. O Ano Europeu para o Envelhecimento Activo e Solidariedade entre Gerações

Atendendo às fortes mudanças demográficas verificadas nas últimas décadas na estrutura da população europeia (no início de 2010, existiam 87 milhões de pessoas com mais de 65 anos de idade na União Europeia, ou seja, mais de 17% do total da população) a União Europeia designou "2012 o Ano Europeu para o Envelhecimento Activo e Solidariedade entre Gerações". De acordo com os dados do Eurostat, a proporção de população na UE27 com idade igual ou superior a 55 anos aumentou de 25% em 1990 para 30% em 2010 e estima-se que atinja cerca de 40% em 2060 (Eurostat, 2012)[48]. Em 2010, a percentagem de trabalhadores seniores (com 55 e mais anos) oscilou entre 21% na Irlanda e 33% na Alemanha e Itália, tendo, em geral, no total população, aumentado entre 1990 e 2010 em todos os Estados-Membros. De referir que as mais altas percentagens de trabalhadores com 55 a 64 anos se observavam na Finlândia (14,7% da população), na República Checa e em Malta (ambos com 14,1%) e as mais baixas na Irlanda (com 10,1%), na Lituânia (10,7%) e no

[47] Texto revisto e adaptado de artigo publicado na revista *Dirigir* n.º 117, Jan./Mar. 2012: 32-35.
[48] Eurostat (2012), *Active ageing and solidarity between generations – a statistical portrait of the European Union 2012*, European Commission, Luxembourg. Esta edição foi preparada entre a Comissão Europeia e o Eurofound (The *European Foundation for the Improvement of Living and Working Conditions*) e apresenta dados sobre demografia, emprego, transição do trabalho para a reforma, cuidados de saúde, condições de vida e participação na sociedade.

Luxemburgo (com 10,8%); para o grupo dos trabalhadores com 65 anos e mais, as mais altas percentagens verificam-se na Alemanha (com 20,7%), em Itália (com 20,2%) e na Grécia (com 18,9%) e a mais baixa na Irlanda (11,3%), Eslováquia (12,3%) e Chipre (com 13,1%).

Também o emprego da população sénior aumentou significativamente na primeira década deste século. Enquanto a taxa de emprego para quem tem idade entre os 20 e os 64 anos aumentou 2,1% na UE27 (de 66,5% em 2000 para 68,6% em 2010), as taxas para os grupos de trabalhadores seniores são mais amplas e variam 10.6 p.p. para quem tem idade entre os 55 e os 59 anos (de 50,3% a 60,9%) e 7.5 p.p. para quem tem idade entre 60 e 64 anos (de 23% a 30,5%).

De realçar ainda que, em 2010, as mais altas taxas de emprego registadas para os indivíduos entre os 55 e os 59 anos foram observadas na Suécia (80,7%), na Dinamarca (75,9%) e na Finlândia (72,5%) e as mais baixas na Polónia (45%), na Eslovénia (46,9%) e em Malta (49,3%). Para quem tem idade entre 60-64 as mais altas taxas de emprego observaram-se na Suécia (61,0%), no Reino Unido (44,0%) e na Estónia (42,8%) e as mais baixas na Hungria (13,0%), em Malta (14,2%) e na Eslováquia (17,2%). Para as pessoas com 65 anos ou mais, as taxas de emprego mais altas registavam-se em Portugal (16,5%), Roménia (13,0%) e Chipre (12,9%) e as mais baixas em França e na Eslováquia (ambos com 1,6%) e Hungria (1,9%).

Como tem sido reconhecido nos países europeus, a acentuada diminuição da taxa de natalidade e o aumento da esperança média de vida têm reconfigurado a evolução demográfica da generalidade das sociedades. Já segundo o estudo *Confronting demographic change: a new solidarity between the generations*, apresentado em 2005 pela Comissão Europeia, a taxa de natalidade média nos países da UE estava abaixo do valor mínimo para a renovação da população estimando-se uma diminuição acentuada da população activa, com idade entre os 15 e os 64 anos[49] (European Commission, 2005). Além do mais, e ainda segundo esse estudo da Comissão Europeia, mesmo considerando os fluxos migratórios, na Europa a população em idade laboral "deverá reduzir em cerca de 20,8 milhões de pessoas até 2030", sendo expectável que, a partir

[49] Podendo o envelhecimento, além do mais, "provocar uma redução do crescimento do PIB Europeu em 2040" (European Commission, 2005).

de 2050, países como Portugal registe as percentagens mais elevadas da UE de pessoas com mais de 65 anos e as mais baixas de trabalhadores com idades compreendidas entre os 15 e os 64 anos.

7.2. Envelhecimento activo e condições de trabalho para os trabalhadores seniores

Perante este preocupante cenário torna-se premente – como temos vindo a defender (Rebelo, 2001: 69-78; Rebelo, 2005:81-92; Rebelo, 2018: 30-34) – definir e implementar políticas públicas que tenham em consideração estas mutações demográficas, em especial o envelhecimento e o recuo da população activa.

A este propósito, muito se tem realçado a temática do envelhecimento activo: trata-se de uma realidade social para a qual urge encontrar respostas eficazes e é preciso que a sociedade, em geral, seja sensibilizada para este problema e desafio (Rebelo, 2002b; Rebelo, 2018: 30-34). E promover o envelhecimento activo significa fomentar a possibilidade das pessoas mais idosas manterem a oportunidade de ficar no mercado de trabalho e partilhar a sua experiência com os mais novos, continuando o seu papel activo na sociedade e vivendo a sua vida o mais saudável e preenchida possível.

Nas últimas duas décadas do século XX, na generalidade dos países europeus, foram incentivadas políticas de redução da procura de emprego que se relacionam quer com o retardar do acesso ao trabalho e consequente entrada na vida activa – através do alongamento da escolaridade obrigatória e da elevação da idade mínima legal de acesso ao trabalho – quer com a antecipação da idade de reforma. Mas, na verdade, se a antecipação da idade de reforma permitiu controlar o desemprego jovem, os fluxos de saída na "meia-idade" aumentaram significativamente, elevando o número de beneficiários de reformas ou de subsídios de desemprego e comprometendo financeiramente os sistemas públicos de Segurança Social. De facto, o paradoxo surge quando a cessação da actividade se torna precoce ao mesmo tempo que a esperança de vida aumenta (Rebelo, 2001; Rebelo, 2018: 30-34).

Desde a década passada que – confrontados com o envelhecimento da sua população e gerindo com dificuldade crescente o financiamento das prestações sociais, em especial das cada vez mais numerosas pensões de velhice – alguns países europeus procederam à reforma dos seus sistemas públicos de protecção social. Do Reino Unido[50], passando pela Alemanha – país que, em 2004, tinha 18,6% da população total com 65 ou mais anos e onde somente 39% das pessoas com idades entre os 55 e os 64 anos ainda trabalhava, sobrecarregando o sistema público – e terminando na vizinha Espanha, as medidas de reforma dos sistemas de Segurança Social sucederam-se.

Mas a par das questões demográficas, também as questões da precariedade laboral e da segmentação do mercado de trabalho sugerem uma especial atenção a uma exigente melhoria das condições de trabalho em geral e maiores níveis de empregabilidade, em particular no sentido de evitar o desemprego, em especial o de longa duração junto dos trabalhadores seniores (Rebelo, 2020).

A vivência da crise financeira internacional e de um ambiente económico especulativo novo, sujeito ao desconcerto que presentemente afecta os mercados financeiros, deixou significativas sequelas sociais. Na maioria dos países europeus observou-se uma deterioração da conjuntura geral de emprego, em especial nos níveis do emprego por tempo indeterminado (isto é, dos contratos sem termo), sobretudo em virtude de um aumento dos despedimentos por motivos de mercado ou estruturais. Ora, as situações de precariedade tendem a impelir uma parte significativa da população a percursos de vida instáveis, marcados pela intermitência de actividade laboral e por períodos de desemprego, cerceando-os de rendimento (e por conseguinte da possibilidade de poderem contribuir para o sistema de Segurança Social), ou tornando-os meros beneficiários das prestações sociais, onerando o Sistema de Segurança Social. E se os designados "trabalhadores seniores", em contexto de envelhecimento da população, presentam uma paradoxal tendência para o abandono precoce da vida activa, o impacto será certamente negativo, não só para a sociedade mas para o sistema público de Segurança Social.

Em Portugal, a Lei n.º 4/2007, de 16 de Janeiro, que aprovou as bases gerais do sistema de Segurança Social e o Decreto-Lei n.º 187/2007, de 10 de Maio, diploma que reconheceu a influência crescente de novos factores de raiz demográfica, em particular colocados pelo envelhecimento demográfico e pela evolução das taxas de actividade da população, adoptaram algumas medidas

[50] Por exemplo no Reino Unido, recorde-se o denominado "relatório Turner", solicitado em 2004 por Tony Blair com vista à revisão da Segurança Social inglesa, que propôs como solução para o reequilíbrio financeiro do sistema púbico de Segurança Social britânico, alongar a duração do trabalho.

para enfrentar estes desafios, designadamente, a alteração das regras de cálculo das pensões por velhice, onde se prevê para a determinação do montante das pensões, a aplicação de um factor de sustentabilidade relacionado com a evolução da esperança média de vida, foram algumas das medidas adoptadas no âmbito da legislação para adaptar as políticas de emprego aos trabalhadores seniores (Rebelo, 2010; Rebelo, 2018).

De facto, se muitos dos trabalhadores nas faixas etárias dos 55 ou mais anos pretendem continuar a trabalhar, será importante contrariar uma "cultura de saída precoce" do mercado de trabalho. Estes, além de possuírem uma enorme experiência adquirida ao longo de anos de actividade, podem adquirir muitos outros conhecimentos além desses e, se as empresas se predispuserem a facultar-lhes acções de formações e/ou de reconversão profissional (especificamente adaptadas à situação destes seniores e ao seu perfil de competências) certamente que estarão em condições de se manter ou regressar ao mercado de trabalho para realizar qualquer tipo de actividade (Rebelo, 2009).

E considerando que a economia portuguesa será tanto mais competitiva quanto mais recursos humanos qualificados tiver, será premente não só junto dos trabalhadores jovens mas identicamente junto da população activa sénior, reter os mais qualificados e talentosos, isto é, os trabalhadores que permitirão fazer emergir a inovação nas empresas. Para isso é cada vez mais necessário o acesso à formação assente no desenvolvimento de novos sistemas produtivos, de novas tecnologias e de novas formas de organização de trabalho, ultrapassando assim certos estereótipos sobre os trabalhadores mais idosos (que estarão "desmotivados", "pouco eficientes" ou "ultrapassados pela evolução tecnológica")[51].

Por isso, em situações de reestruturação organizacional é fundamental que o critério "detenção de competências" seja considerado como critério central e não o mero factor "idade". A atitude de indiferença face ao papel potencial

[51] Por exemplo, a Holanda e a Finlândia foram dois países paradigmas nesta inversão de mentalidades. Desde o início deste século XXI que a contratação de trabalhadores seniores foi reconfigurada na política de recrutamento das empresas e que um número crescente de trabalhadores seniores – com 55 ou mais anos – se mostram cada vez mais disponíveis para se manterem no activo, quer a tempo completo quer a tempo parcial (Rebelo, 2001). Por exemplo, na Finlândia a política de manutenção dos seniores no emprego foi adoptada como uma verdadeira "causa nacional", a par de uma campanha nacional sobre formação profissional contínua e sobre melhoria das condições de trabalho para os trabalhadores seniores (Rebelo, 2002b).

das competências dos trabalhadores seniores na criação de riqueza revela-se retrógrada e redutora pois as empresas não necessitam de pessoas mais novas, mas sim de colaboradores mais competentes (Rebelo, 2005). Paralelamente, não deixará, contudo, de ser importante reflectir sobre as condições de trabalho e a satisfação global que os trabalhadores seniores sentem no trabalho. Por exemplo, segundo um estudo sobre a Saúde, o Envelhecimento e as Reformas na Europa – coordenado pelo Instituto de Investigação em Economia do Envelhecimento da Universidade de Mannheim, na Alemanha, realizado entre 2002 e 2004 – a proporção de pessoas que expressam o desejo de se reformarem a partir dos 50 anos está a crescer, do Norte ao Sul da Europa (Blanchet, *et al.*, 2005). Dos cerca de 22 mil inquiridos, trabalhadores por conta de outrem com 50 ou mais anos, são os mediterrânicos (embora Portugal não tenha sido incluído neste estudo) os que mais desejam a reforma antecipada: 67% dos espanhóis, 60% dos italianos, 57% dos franceses e dos gregos contra, por exemplo, apenas 33% dos suíços ou 31% dos holandeses. E a explicação para esta visão diferenciada por país poderá ser ainda mais complexa mas, na realidade, o estudo faz presumir que esteja relacionada com as diferentes condições de trabalho em cada país, pois o estudo contempla um conjunto de questões relacionadas com o trabalho e o principal motivo expresso pelos inquiridos para "desejar" uma reforma antecipada é a insatisfação global que estes sentem no trabalho.

7.3. Considerações finais

Assim, a adopção de um conjunto de políticas públicas que permitam responder aos problemas de envelhecimento da população exige, paralelamente, que se sensibilize os empregadores para o exercício da actividade laboral em boas e atractivas condições de trabalho. Em contexto de globalização, enveredar por modelos de Gestão de Recursos Humanos assentes na procura de produtividade, exige um concomitante recurso à qualificação e a recursos humanos junto dos quais se promova a detenção do saber, a capacidade de inovar e de criar bens materiais e imateriais. Em suma, a recursos humanos bem remunerados e estáveis, motivados a permanecer activos.

Referências

Blanchet, D., *et al.* (2005), *Share Survey 2004 – Survey of Health, Ageing and Retirement in Europe*, Final report n.º 1615. Universidade de Mannheim, Mannheim.

Commission for Economic and Social Policy (2009), *Dealing with the impact of an ageing population in the EU (2009 ageing report)*. Rob Bats, Brussels.

European Commission (2005), *Confronting demographic change: a new solidarity between the generations*. European Commission Green Paper, Brussels.

Eurostat (2005), *Population and social conditions*. European Communities, Luxembourg.

Eurostat (2008), "Labour Market Latest Trends 2007". In *Eurostat – Data in focus 14/2008*, European Communities, Luxembourg.

Eurostat (2012), "Active ageing and solidarity between generations – a statistical portrait of the European Union 2012". European Commission, Luxembourg.

Rebelo, G. (2001), "As qualificações dos mais idosos no mercado de trabalho". *Sociedade e Trabalho* n.º 14/15: 69-78.

Rebelo, G. (2002a), "Segurança Social: o difícil equilíbrio financeiro". *Economia Pura* n.º 53: 82-86.

Rebelo, G. (2002b), *Emprego e Formas de Precariedade da Actividade Laboral – o caso de Portugal no contexto da UE*, Tese de Doutoramento, ISEG/Universidade Técnica de Lisboa.

Rebelo, G. (2005), "Emprego e Segurança Social: actualidade e tendências". *Sociedade e Trabalho* n.º 26: 81-92.

Rebelo, G. (2009), "Mercado de Trabalho: o envelhecimento activo". In *Conjunturas & Tendências – Uma visão sobre Portugal, a Europa e o Mundo*. Lisboa, Edições Sílabo: 149-152.

Rebelo, G. (2010), "Políticas de Envelhecimento Activo em Portugal". In *Trabalho e Emprego – Actualidade e Prospectiva*. Lisboa, Edições Sílabo: 147-157.

Rebelo, G. (2018), "Envelhecimento Demográfico em Portugal e Segurança Social." Cadernos de Economia n.º 122, Abr./Jun., Ordem dos Economistas: 30-34.

Rebelo, G. (2020), "Direito do Trabalho e Direito da Segurança Social: uma perspectiva integrada". In Costa Cabral, N. e Castro Caldas J., *A Crise e o Direito à Segurança Social*. Coimbra, Almedina:17-34.

8. ÉTICA EMPRESARIAL E RESPONSABILIDADE SOCIAL [52]

8.1. Consequências da crise económico-financeira de 2008

No contexto da crise financeira e económica de 2008 parece consensual afirmar que vivemos num ambiente económico inteiramente novo na economia. O desconcerto que afectou os mercados financeiros perturbou subsequentemente – com as falências de empresas a multiplicarem-se – a economia real, originando consideráveis danos sociais, designadamente um aumento significativo do desemprego e um acentuar das situações de desigualdade social, de pobreza e de exclusão social.

Aliás, foi já neste ambiente de crise que o *International Labour Office* (ILO/OIT) apresentou, em Outubro de 2008, um relatório onde expunha um conjunto de relevantes conclusões sobre a partilha de rendimentos em diversos países do mundo, intitulado *World of Work Report 2008: Income inequalities in the age of financial globalization* (ILO, 2008).

Neste estudo concluiu-se que em 51 países (num universo de 73 com dados disponíveis) a "parte salarial" no rendimento total dos agregados familiares tem vindo a retroceder nas últimas décadas. Além do mais, constatava-se – em dezoito dos vinte e sete países analisados – um progressivo alargamento do fosso entre os trabalhadores mais bem pagos e os menos bem pagos. Esta tendência é particularmente visível na Hungria, na Polónia, em Portugal e nos

[52] Texto revisto e adaptado de artigo publicado, sob o título "Ética nos negócios e responsabilidade social", na revista *Dirigir* n.º 111, Jul/Set. 2010: 41-45.

EUA, mas afecta também países até agora considerados verdadeiros "modelos de equidade social" como, por exemplo, a Dinamarca e a Suécia.

A título demonstrativo o relatório do ILO-OIT evidenciava que, nos EUA, em 2007 os *Chief Executive Officer*s (CEOs) das 15 maiores empresas receberam um salário 520 vezes superior ao de um trabalhador médio, e que outros países (como a Austrália, a Alemanha, Hong-Kong, a Holanda e a África do Sul) apresentam idênticas disparidades. Ainda de acordo com a OIT, estas desigualdades resultam de um processo de globalização financeira e da consequente liberalização internacional dos fluxos de capitais que, desde a década de 1990, têm propiciado um aumento das crises do sistema bancário mundial e, consequentemente, maior instabilidade económica, com repercussões no mercado de trabalho.

Neste âmbito, e sugerindo que o crescimento económico não é o único meio para diminuir as desigualdades e a pobreza, a OIT recomendava aos poderes públicos a assunção de um papel decisivo em matéria de correcção destas desigualdades, nomeadamente rectificando excessivas disparidades salariais nas organizações[53].

8.2. Desigualdades sociais

Se por todo o mundo aumentam as desigualdades, o espaço europeu também não parece subtrair-se a tal tendência. Um relatório conjunto apresentado pelo Conselho e pela Comissão Europeia, em Março de 2008, intitulado *Joint Report on Social Protection and Social Inclusion 2008*, chamava a atenção para o facto de um em cada seis europeus (embora mais as mulheres do que os homens) – ou seja 16% da população, o correspondente a 78 milhões de pessoas – viverem em risco de pobreza e, destes, 19 milhões serem crianças (Council of The European Union, 2008).

[53] De resto – e na linha de uma Declaração conjunta proferida, em Maio de 2008, pelos ministros das Finanças da zona euro, onde se analisaram as previsões de abrandamento da economia avançadas pela Comissão Europeia e se afirmou o objectivo de combater os excessos em matéria salarial – ante a iminência de um acentuar da crise social, alguns países europeus iniciaram já uma prudente reflexão sobre esta temática.

A verdade é que na maior parte dos Estados-Membros da UE, desde 2000 – não obstante discretos progressos verificados nesta matéria – as percentagens de pobreza infantil se vêm mantendo, globalmente, inalteradas. Note-se que as situações de pobreza infantil resultam de uma complexa interacção de factores, encontrando-se relacionadas, sobretudo, com o facto de as crianças viverem em agregados onde os progenitores estão desempregados; em agregados em que só um dos pais trabalha ou se verifica baixa intensidade de trabalho (por exemplo, trabalho a tempo parcial); ou, ainda, com o facto de viverem no seio de um agregado monoparental ou de uma família numerosa.

Deste modo, e na linha do que indica esse documento, deviam ser reforçadas as políticas de inclusão e anti-discriminação, sendo absolutamente crucial garantir no espaço da UE a correcção das desigualdades através de políticas sociais concebidas para intensificar os esforços necessários ao sucesso escolar das crianças e, consequente, à sua inclusão social. Para serem bem-sucedidas, estas medidas devem inserir-se num conjunto articulado de políticas públicas particularmente dirigidas a uma intervenção precoce, dotadas dos recursos adequados e sustentadas por objectivos e metas claramente definidas[54]. Acresce que este relatório revelava uma outra realidade inquietante: cerca de 8% dos cidadãos empregados na UE viviam em risco de pobreza. De facto, mesmo tendo emprego – tradicionalmente considerado a melhor defesa contra a pobreza – muitas pessoas e famílias europeias não fogem à miséria e à desigualdade social. Importando ainda realçar que o risco de pobreza aumenta quando as pessoas e as suas famílias são confrontadas com situações cíclicas de desemprego, sobretudo de desemprego de longa duração e não subsidiado[55].

[54] A este propósito, refira-se que os países que apresentam melhores resultados no combate a este problema atacam-no em todas as suas vertentes, procurando um equilíbrio entre a ajuda às famílias e as medidas dirigidas directamente às crianças. Esta perspectiva combina estratégias de acção que passam pelo reforço do acesso de muitos pais desempregados ao mercado de trabalho – através de um acompanhamento dos serviços públicos de emprego – e por medidas de apoio ao rendimento familiar que minimizem o risco de pobreza.

[55] Razão pela qual, e dada a ênfase conferida ao tema da pobreza infantil e seu acompanhamento, a CE propôs que 2010 fosse o Ano Europeu Contra a Pobreza e a Exclusão.

Ora, uma vez que o problema do aumento das desigualdades sociais e da pobreza é particularmente notório na Europa, urge então conceber e implementar políticas sociais que, facultando respostas a um desenvolvimento económico sustentável, permitam reduzir o flagelo da pobreza[56].

Aliás, também a Resolução do Parlamento Europeu, adoptada a 9 de Outubro 2008, intitulada *Promoting social inclusion and combating poverty, including child poverty, in the EU* (2008/2034 (INI)) confirmava o que há muito se receava: o flagelo da pobreza está a crescer na Europa, especialmente junto das crianças e de alguns trabalhadores (os *working poor*), sendo que a política social europeia não tem conseguido responder, de forma eficaz, ao problema da pobreza e das desigualdades sociais. E, tal como realçava este documento, sendo a pobreza junto das crianças e dos *working poor* uma realidade conhecida de todos – em especial dos poderes políticos – é, frequentemente, ignorada.

Acresce que, de facto, na última década, nem mesmo os períodos de crescimento económico permitiram reduzir as desigualdades sociais. De facto, e não obstante o forte crescimento económico que se deu em meados da década de 1990 nalguns países europeus – designadamente em Espanha – o processo de redução das desigualdades não acompanhou esse movimento[57].

Aliás, esta ideia de que o crescimento económico, por si só, não previne o aumento das desigualdades tem estado implícito em variados estudos (Rebelo, 2004: 106 e segs) onde se constata uma forte ligação da pobreza relativa e da pobreza severa a dois factores: a precariedade laboral e a insuficiência, em comparação com outros países, das ajudas públicas às famílias.

[56] Ou o "inferno moderno" na expressão do pensador espanhol Miguel de Unamuno (Unamuno, 1967).

[57] Por exemplo, segundos os dados da Fundação FOESSA, em 2008 permaneciam em situação de pobreza relativa (com rendimento inferior a 574 euros por mês) cerca de 8,5 milhões de pessoas, ou seja 19,7% da população, a mesma percentagem que há dez anos, e em situação de pobreza severa (com menos de 280 euros ao mês) ou em situação de "exclusão social" cerca de milhão e meio de pessoas (Fundación FOESSA, 2008).

Sabemos que – no espaço da UE – pugnar pela dimensão social é, em primeira instância, da responsabilidade dos Estados Membros. No entanto, e dado que a acção coordenada da UE tem resultado numa maior complementaridade entre a acção dos Estados Membros e na promoção de uma maior cooperação na gestão da mudança, importa que a dimensão social seja uma prioridade ao nível da condução das políticas públicas europeias[58].

Ora, identificados que estão pela Comissão Europeia os três principais factores de mutação social – Globalização; Progresso Tecnológico e Envelhecimento Demográfico – a renovação da agenda social europeia procurou responder à necessidade de adaptação às novas tendências globais, através da criação de oportunidades para os cidadãos europeus; da melhoria do acesso a serviços de qualidade; da demonstração de solidariedade para com os afectados mais negativamente pelas mudanças globais[59].

Contudo – e especialmente depois da vivência desta crise económico-financeira – urge que se concebam e reforcem medidas que visem responder aos propósitos centrais de restabelecer a confiança na economia e nos seus agentes[60] e asseverar maior transparência nos processos de gestão empresarial. E a chave do sucesso do desenvolvimento do país será associar ligar

[58] A este respeito refira-se que, no intuito de responder aos problemas de falta de transparência e ética nos negócios por parte das entidades financeiras, os líderes europeus apoiaram as sugestões da presidência francesa da UE sobre a reforma do sistema financeiro internacional discutida na Cimeira do G20 de Washington a 15 de Novembro de 2008. A ideia central desta proposta passou por considerar que nenhuma instituição financeira ou segmento de mercado deve subtrair-se à regulamentação e supervisão, em particular reforçando-se o aumento da transparência e da responsabilidade dos actores financeiros, o reforço da regulamentação dos mercados, a redução das práticas de risco e a melhoria dos mecanismos de supervisão do sistema financeiro.

[59] Agenda Social essa que previu o desenvolvimento de dezanove iniciativas, de acordo com sete áreas prioritárias: preparar o futuro de crianças e jovens; investir nas pessoas e gerir a mudança; apoiar vidas mais longas e saudáveis; lutar contra a discriminação; reforçar instrumentos; influenciar a agenda internacional e intensificar o combate à pobreza e exclusão social.

[60] De referir que, em 2010, o então primeiro-ministro britânico Gordon Brown expressava a sua confiança na obtenção de um acordo sobre uma "nova constituição mundial para o sistema financeiro mundial", manifestando o seu apoio a medidas sobre a implementação de uma nova regulação internacional comum e para um novo papel dos bancos – a nível mundial – mais virado para o interesse público, considerando que se o mundo não tira lições da crise financeira, voltaremos a ter, de novo, uma crise económico-financeira.

conhecimento e criatividade à responsabilidade social, criando mais e melhor emprego para os cidadãos europeus e garantindo maiores oportunidades no acesso a serviços e de promoção de solidariedade social.

8.3. Repensar a ética empresarial

A crise financeira e económica recentemente vivida patenteia, por demais, a indiscutível necessidade de repensar e regular o funcionamento da economia, do sistema financeiro internacional, evidenciando também a necessidade repensar a própria ética empresarial e organizacional como meio crucial para debelar o aumento das desigualdades sociais e da pobreza.

No exercício da sua actividade, as organizações gerem, simultaneamente, as expectativas dos seus clientes, dos trabalhadores, dos fornecedores e da comunidade local. A conduta ética e social que desenvolvem é determinante não só para atrair e manter colaboradores (talentos e competências) no interior das empresas, como para ganhar a confiança de todos os que consigo se relacionam.

Ora, nesta medida, o conceito de Responsabilidade Social passa justamente pela ideia de que é possível a uma organização gerir de forma competitiva e obter vantagens para o seu negócio e, simultaneamente, contribuir de forma positiva para a sociedade, naturalmente se o fizer através de uma perspectiva integrada de gestão dos impactos sociais, económicos e ambientais.

A imagem e a reputação social de uma organização passaram a constituir um dos mais valiosos activos das organizações. E, neste sentido, as organizações que se pautam por uma conduta ética e de responsabilidade social valorizam a sua imagem e desenvolvem reforçam o envolvimento e a participação dos seus trabalhadores, sobretudo fidelizando os trabalhadores mais talentosos e conquistando, simultaneamente, a confiança dos clientes ou dos utentes e dos investidores.

Além do mais, em situação de crise empresarial assegurar a empregabilidade na empresa, implementando medidas sociais com os trabalhadores – mediante, uma paralela adopção de uma estrita disciplina de custos e mecanismos de poupança ou, ainda, de uma revisão dos processos e relação com os fornecedores – deve ser uma prioridade. Mas esse propósito não será alcançado se não se estabelecerem, por um lado, mecanismos de revitalização do envolvimento dos trabalhadores e de motivação destes[61] e, por outro, parâmetros de avaliação de Responsabilidade Social – nomeadamente utilizando *benchmarks* na área da Responsabilidade Social.

Acresce que o mundo vive uma mudança acelerada, sendo que a digitalização, a globalização e as mudanças demográficas têm um impacto profundo na sociedade. Estas e outras megatendências transformam, profundamente, a maneira como interagimos com amigos e familiares; a forma como e onde as empresas desenvolvem actividades; ou o tipo de bens e serviços que consumimos. E a educação e o emprego são particularmente sensíveis a essas mudanças. Nesta medida surgem novos desafios, especialmente para o trabalho (Rebelo, 2019).

8.4. Considerações finais

Vivemos hoje a transição para uma sociedade sustentável. E esse caminho – embora possa ser mais ou menos longo – será inelutável. Na "nova *Governance*" política e das organizações a expressão "recursos sustentáveis" é (e será) muito presente. E quando no discurso económico falamos de crise financeira, crise alimentar, crise energética ou crise sanitária, a ideia de sustentabilidade está (e estará) sempre presente, pelo que os valores económicos começam a estar indissociavelmente ligados à gestão sustentável dos recursos.

Com consequências devastadoras, a crise financeira internacional de 2008 atesta, irremediavelmente, a necessidade clamorosa de as organizações gerirem a sua actividade e os seus negócios com ética e transparência sendo que hoje, mais do que nunca, a nível mundial e no plano nacional – em prol de um crescimento económico que se quer sustentável – a "Corporate social responsibility" é uma preocupação central em todos os países e organizações. E é da sua ligação ao tecido social que, acreditamos, se dará um importante contributo para o combate às desigualdades. Nesta medida, o compromisso com a Responsabilidade Social não poderá, doravante, deixar de assentar nos

[61] Designadamente através da concepção de cursos de formação profissional sobre ética nas empresas ou de mecanismos regulares de auscultação dos trabalhadores e colaboradores da empresa no intuito de indagar sobre os níveis de satisfação destes no local de trabalho" (por exemplo, se se sente integrado na empresa ou se está satisfeito com a sua progressão profissional).

princípios da inovação e da criatividade e de reflectir uma preocupação pelo ambiente e pela situação económica e social.

Referências

Bruto da Costa, A. (2008), *Um Olhar Sobre a Pobreza – Vulnerabilidade e exclusão social no Portugal contemporâneo.* Lisboa, Trajectos.

Council of The European Union (2008), *Joint Report on Social Protection and Social Inclusion 2008.* Brussels, Council and the Commission.

Esping-Andersen, G. (2000),"Um Estado-providência para o século XXI". In Boyer, R., et al, *Para uma Europa da Inovação e do Conhecimento.* Oeiras, Celta.

Fitoussi, J. P. et Rosanvallon, P. (1997), *A Nova Era das Desigualdades.* Oeiras, Celta.

Fundación FOESSA (2008), *Informe sobre exclusión y desarrollo social en España 2008.* Madrid, Fundación FOESSA.

International Labour Office (2008), *World of Work Report 2008 – Income Inequalities in the Age of Financial Globalization*, Geneva, OIT – ILO.

Rebelo, G. (2003a), *Emprego e Contratação Laboral em Portugal – Uma Análise Socioeconómica e Jurídica.* Lisboa, EditoraRH.

Rebelo, G. (2003b), "Economia Virtual". *Economia Pura*, n.º 56: 89.

Rebelo, G. (2004), *Flexibilidade e Precariedade no Trabalho – Análise e Diagnóstico.* ed./a, Lisboa.

Rebelo, G. (2019), "Qualificações e Salários em Portugal". *Cadernos de Economia* n.º 128, Jul./Set., Ordem dos Economistas: 60-64.

Rebelo, G. (2020), "Direito do Trabalho e Direito da Segurança Social: uma perspectiva integrada". In Costa Cabral, N. e Castro Caldas J., *A Crise e o Direito à Segurança Social.* Coimbra, Almedina:17-34.

Unamuno, M. (1967, *La Dignidad Humana.* Madrid, Espasa-Calpe.

9. POLÍTICAS DE ENVELHECIMENTO ACTIVO E FORMAÇÃO PARA SENIORES[62]

9.1. Os problemas de uma sociedade envelhecida

Como tem sido reconhecido nos países europeus, a acentuada diminuição da taxa de natalidade e o aumento da esperança média de vida têm reconfigurado a evolução demográfica da generalidade das sociedades. Segundo estudos da Comissão Europeia (designadamente o *Confronting demographic change: a new solidarity between the generations*, apresentado em Março de 2005), a taxa de natalidade média nos países da União Europeia está a decrescer, situando-se abaixo do valor mínimo para a renovação da população – cerca de 2,1 filhos por casal, nomeadamente em Portugal (European Commission, 2005). Além do mais, e ainda segundo as estimativas da Comissão Europeia, mesmo considerando os fluxos migratórios, "na Europa a população em idade laboral deverá reduzir-se em cerca de 20,8 milhões de pessoas em 2030", sendo expectável que a partir de 2050 países como Portugal registem as percentagens mais elevadas da União Europeia de pessoas com mais de 65 anos e as mais baixas de trabalhadores com idades compreendidas entre os 15 e os 64 anos (European Commission, 2005). Sendo que, segundo dados divulgados já em 2020, a Comissão estima que, em 2070, 30,3% da população deva ter 65 anos

[62] Texto revisto e adaptado de artigo publicado na revista *Formar* n.º 71, Abr./Jun 2010: 43-46.

ou mais (em comparação com 20,3% em 2019) e que 13,2% deva ter 80 anos ou mais (em comparação com 5,8% em 2019).

Recentemente, em 2020, as conclusões do Relatório da Comissão sobre Demografia na UE [63] identifica cinco grandes impactos da mudança demográfica: a população em idade activa da Europa está a diminuir e é preciso encontrar formas de sustentar o crescimento económico, trazendo mais pessoas para o mercado de trabalho e aumentando a produtividade; para lidar com o envelhecimento da sociedade europeia, os sistemas de saúde terão de se adaptar e requerem financiamento de despesas públicas mais elevadas relacionadas com a idade; os desafios demográficos geralmente variam significativamente entre as regiões do mesmo país, sendo que algumas regiões sofrerão mudanças populacionais rápidas, o que leva a novas oportunidades e desafios de investimentos em infra-estruturas e acessibilidade ao acesso a serviços, exigindo novas soluções; as mudanças demográficas também podem afectar a posição da Europa no mundo e, em particular o PIB, que se tornará comparativamente menor; por fim, as mudanças demográficas e as transições verde e digital afectam e aceleram umas às outras, pelo que será essencial prever e preparar políticas para lidar com essas questões.

Perante este cenário, torna-se premente – como vimos defendendo (Rebelo, 2001; Rebelo, 2002a; Rebelo, 2006a; Rebelo, 2006b; Rebelo, 2006c; Rebelo 2018) – definir políticas públicas de emprego que tenham em consideração estas mutações demográficas, em especial o envelhecimento da população. A este propósito muito se tem realçado a temática do envelhecimento activo. Trata-se de uma realidade social para a qual urge encontrar respostas eficazes e é preciso que a sociedade, em geral, seja sensibilizada para este problema e desafio (Rebelo, 2002b; Rebelo, 2006 c; Rebelo 2012; Rebelo 2018).

Ao nível do mercado de trabalho, quer a evolução demográfica das sociedades europeias quer a orientação imprimida a algumas políticas de emprego, nomeadamente as que permitem flexibilizar a idade de reforma, antecipando-a, têm contribuído para o desequilíbrio financeiro dos sistemas públicos de segurança social (Rebelo, 2002a e, ainda, Rebelo, 2005b).

[63] Estudo disponível em https://ec.europa.eu/info/strategy/priorities-2019-2024/new-push-european-democracy/impact-demographic-change-europe_en

Nas últimas duas décadas do século XX, na generalidade dos países europeus, foram incentivadas políticas de redução da procura de emprego que se relacionam quer com o retardar do acesso ao trabalho e consequente entrada na vida activa – através do alongamento da escolaridade obrigatória e da elevação da idade mínima legal de acesso ao trabalho – quer com a antecipação da idade de reforma. Mas, na verdade, se a antecipação da idade de reforma permitiu controlar o desemprego jovem, os fluxos de saída na "meia-idade" aumentaram significativamente, elevando o número de beneficiários de reformas ou de subsídios de desemprego e comprometendo financeiramente os sistemas públicos de Segurança Social (Rebelo, 2020:17-34).

O paradoxo surge quando a cessação da actividade se torna, em si, cada vez mais precoce ao mesmo tempo que a esperança de vida aumenta (Rebelo, 2001). Ora, desde o dealbar deste século que – confrontados com o envelhecimento da sua população e gerindo com dificuldade crescente o financiamento das prestações sociais, em especial das cada vez mais numerosas pensões de velhice – alguns países europeus anunciaram a revisão dos seus sistemas públicos de protecção social. Do Reino Unido, passando pela Alemanha e terminando na vizinha Espanha – onde se prevê que, até 2040, o número de reformados aumente 66% – as propostas de revisão dos sistemas de protecção social e de emprego sucederam-se.

9.2. Envelhecimento activo e formação

Perante o evidente envelhecimento da sociedade portuguesa parece-nos imprescindível que – observando as regras de respeito e salvaguarda dos princípios e valores específicos constitucionalmente consagrados – também as ofertas de formação profissional se adaptem às evoluções do mercado de trabalho, induzidas por mudanças demográficas, respondendo assim a importantes desafios socioeconómicos da actualidade, e possibilitando um essencial aumento da capacidade de adaptação da sociedade. De facto, e se os designados "trabalhadores seniores" registam, paradoxalmente, porque em contexto de envelhecimento da população, uma tendência para o abandono precoce da vida activa, o impacto será certamente negativo para a sociedade e para o sistema de Segurança Social.

Procurando responder às questões prementes da sustentabilidade do sistema público de Segurança social, desde 2005 que se vêm adoptando um conjunto de medidas essenciais ao equilíbrio financeiro da Segurança Social e à promoção do envelhecimento activo. Assim – e a par das medidas já adoptadas no âmbito da legislação sobre Segurança Social e da legislação laboral, adaptando as políticas de emprego relativamente a certos grupos de trabalhadores – importa que seja repensada a oferta formativa dirigida a este grupo da população.

Se muitos dos trabalhadores nas faixas etárias dos 50 ou mais anos pretendem continuar a trabalhar, será importante contrariar uma "cultura de saída precoce" do mercado de trabalho. Estes, além de possuírem uma enorme experiência adquirida ao longo de anos de actividade, podem adquirir muitos outros conhecimentos além desses e, se as empresas se predispuserem a facultar-lhes acções de formações e/ou reciclagem profissional, certamente que estarão em condições de se manter ou regressar ao mercado de trabalho para realizar qualquer tipo de actividade.

A ideia é a de permitir a cada trabalhador sénior a oportunidade de investir numa formação que lhe permita assegurar uma inserção ou reinserção no mercado de trabalho. Ora, para isso, é preciso conhecer e avaliar, especificamente, as dificuldades de inserção deste grupo de trabalhadores, oriundos de diversas formações ao nível nacional. Assim, o papel da aprendizagem passará, necessariamente, por compreender, para além da qualificação já detida por cada trabalhador, que tipo de formação influirá sobre a inserção profissional.

Em particular, a formação profissional ministrada a estes trabalhadores deve procurar estar adaptada à sua situação dos trabalhadores séniores, pois o retorno ao ensino pode não ser fácil e implicar acções específicas tomando em conta essa situação e, ainda, exigirá que seja adaptada ao seu perfil de competências. Porque Portugal é um país deficitário em recursos humanos qualificados, *maxime*, junto da força de trabalho mais idosa, é cada vez mais necessário o acesso à formação assente no desenvolvimento de novos sistemas produtivos, de novas tecnologias e de novas formas de organização de trabalho, ultrapassando assim certos estereótipos sobre os trabalhadores mais idosos (que estarão "desmotivados", "pouco eficientes" ou "ultrapassados pela evolução tecnológica").

Dada a situação actual do emprego, muitas empresas tenderão a optar pela solução de fazer partir os seniores. Por isso, hoje são, mais do nunca, necessárias medidas que permitem manter o emprego dos seniores nas empresas. E considerando o aumento do desemprego existe, em nosso entender, uma solução: a formação. De facto, as empresas empregam de preferência os desempregados que detêm um bom nível de qualificação, preterindo os menos qualificados, o que pode traduzir uma vantagem para os trabalhadores seniores.

Daí que, em situações de reestruturação organizacional, seja fundamental que o critério "detenção de competências" seja considerado como critério central e não o mero factor "idade". A atitude de indiferença face ao papel potencial das competências dos trabalhadores seniores na criação de riqueza revela-se retrógrada e redutora pois as empresas não necessitam de pessoas mais novas, mas sim de colaboradores mais competentes (Rebelo, 2005b).

Paralelamente, não deixará de ser importante reflectir sobre as condições de trabalho e a satisfação global que os trabalhadores seniores sentem no trabalho.

Assim, a adopção de um conjunto de políticas públicas que permitam responder aos problemas de envelhecimento da população exige, paralelamente, que se sensibilize os empregadores para o exercício da actividade laboral em boas e atractivas condições de trabalho. Em contexto de globalização, enveredar por modelos de Gestão de Recursos Humanos assentes na procura de produtividade, exige um concomitante recurso à qualificação e a recursos humanos junto dos quais se promova a detenção do saber, a capacidade de inovar e de criar bens materiais e imateriais. Em suma, a recursos humanos bem remunerados e estáveis, motivados a permanecer activos.

9.3. Considerações finais

A actual situação de envelhecimento da população portuguesa – e da tendencial diminuição da população activa – é de tal forma premente que convoca a sociedade portuguesa a saber adaptar-se ao envelhecimento da sua população para poder beneficiar de um crescimento sustentável nos próximos anos. Assim, e uma vez que um grande factor a tomar em conta a médio prazo é o envelhecimento da população – e a forma como pesará sobre o crescimento económico e a repartição dos rendimentos entre população activa e população inactiva – é urgente que, aproveitando as oportunidades tecnológicas, se aposte num dos factores de crescimento essenciais a longo prazo: a formação profissional.

A maioria das pessoas com 55 anos de idade ou mais permanecem vitais e, se pretenderem continuar a trabalhar, é preciso que os empregadores olhem de forma positiva, e sem preconceitos, a sua manutenção e/ou o seu regresso à vida activa. Por tudo isto, o desenvolvimento de uma política de formação profissional especialmente dirigida a este grupo da população portuguesa, designadamente através da criação de medidas para os seniores – *maxime* pouco qualificados e/ou desempregados – que permitam identificar um portfolio de competências que possam ser adquiridas na formação inicial, entre as quais a capacidade para trabalhar em equipa ou o domínio de aplicações informáticas, será fundamental para a prossecução de uma política social sustentável e capaz de promover uma efectiva transferência de saberes qualificados.

Segundo dados do INE, em 2018 do total de população desempregada (365,9 mil pessoas) a proporção de desempregados de longa duração foi de 51,1%. A verdade é que se constata uma tendência para um aumento significativo, desde esta última crise económica, de problemas laborais sobretudo junto da população com 45 ou mais anos. Esta situação deve-se, pelo menos em parte, à destruição de emprego permanente e ao incremento dos despedimentos, em particular dos despedimentos coletivos e os despedimentos por extinção de posto de trabalho. Muitas destas pessoas de meia-idade, e distantes da idade mínima de reforma por velhice, arriscam cair na pobreza em situação de desemprego de longa duração, pobreza que pode prosseguir no período da reforma por velhice se estas pessoas tiverem penalizações no cálculo da sua pensão (Rebelo, 2019).

As empresas e as organizações não necessitam de "pessoas jovens" mas sim de "pessoas competentes", pelo que devem estar cientes de que, quando confrontadas com a escolha do recurso humano, pode ser vantajoso valorizar a experiência e as competências dos trabalhadores seniores, devendo proporcionar-lhes boas condições de trabalho que viabilizem a sua permanência.

Referências

Blanchet, D., et al. (2005), *Share Survey 2004 – Survey of Health, Ageing and Retirement in Europe*. Final report, n.º 1615, Mannheim, Universidade de Mannheim.

CEDEFOP (2008), *Citizens' views on lifelong learning in the 10 new member States, Report based on the special Eurobarometer 231*, Cedefop Panorama series, 150, Office for Official Publications of the European Communities, Luxemburgo.

CLBRL (2007), *Livro Branco das Relações Laborais, Comissão do Livro Branco das Relações Laboral*. Lisboa, Ministério do Trabalho e da Solidariedade Social.

Esping-Andersen, G. (2000),"Um Estado-Providência para o século XXI". In Boyer, R., et al, *Para uma Europa da Inovação e do Conhecimento*. Oeiras, Celta.

Eurofound (1997), *Emprego precário e condições de trabalho na UE*. Dublin, Fundação Europeia para a Melhoria das Condições de Vida e de Trabalho.

European Commission (2005), *Confronting demographic change: a new solidarity between the generations*. Bruxelas, European Commission Green Paper.

Eurostat (2005), *Population and social conditions*. Luxemburgo, European Communities.

Eurostat (2008), "Labour Market Latest Trends 2007". In *Eurostat – Data in focus 14/2008*, Luxemburgo, European Communities.

Felstead, A. e Jewson, N. (1999), *Global trends in flexible labour*. Basingstoke, Macmillan.

MTSS (2008), *Reforma das Relações Laborais*. Lisboa, Ministério do Trabalho e da Solidariedade Social.

Rebelo, G. (2001), "As qualificações dos mais idosos no mercado de trabalho". *Sociedade e Trabalho*, n.º 14/15 : 69-78.

Rebelo, G. (2002a), "Segurança Social: o difícil equilíbrio financeiro". *Economia Pura*, n.º 53 : 82-86.

Rebelo, G. (2002b), *Emprego e Formas de Precariedade da Actividade Laboral – o caso de Portugal no contexto da UE*. Tese de Doutoramento, ISEG/Universidade Técnica de Lisboa.

Rebelo, G. (2005a), "Emprego e Segurança Social: actualidade e tendências". *Sociedade e Trabalho*, n.º 26 : 81-92.

Rebelo, G. (2005b), "Pré-reformas, reformas antecipadas e Segurança Social". *Pessoal*, n.º 35 : 26-27.

Rebelo, G. (2006a), "O indispensável envelhecimento activo". *Jornal de Negócios*, 23 de Outubro.

Rebelo, G. (2006b), "Desafios para uma revisão do Código do Trabalho". *Jornal de Negócios*, 4 de Dezembro.

Rebelo, G. (2006c), "Por um envelhecimento activo". *Jornal de Negócios*, 9 de Janeiro.

Rebelo, G. (2012), "Emprego e Segurança Social: que desafios?". *Economia e Segurança Social* n.º 2: 36-45.

Rebelo, G. (2018), "Envelhecimento Demográfico em Portugal". *Cadernos de Economia* n.º 122, Ordem dos, Economistas: 30-34.

Rebelo, G. (2019), "A educação como meio de assegurar uma sociedade menos desigual". *Cadernos de Economia* n.º 127, Abr./Jun., Ordem dos Economistas: 22-27.

Spyropoulos, G. (2002), "Le droit du travail à la recherche de nouveaux objectifs". *Droit Social*, n.º 4 : 391-403.

10. EFECTIVIDADE LEGAL E TRABALHO NÃO DECLARADO E IRREGULAR[64]

10.1. Economia informal e trabalho não declarado e irregular

Desde o final do século XIX – com o aparecimento, nos países europeus, da consciência da necessidade de uma intervenção do Estado na organização das relações de trabalho – que um dos reptos ao funcionamento das Inspecções de Trabalho tem sido o de elevar os níveis de efectividade legal no mercado de trabalho. Contudo, e dado que depende da acção conjunta dos diversos parceiros sociais, a promoção de uma maior efectividade legal na área laboral – e o consequente combate ao trabalho não declarado e irregular – tem sido, na generalidade dos países da UE um caminho longo e, ainda, com resultados aquém do desejável.

As razões para este facto são múltiplas e prendem-se quer com características específicas de cada Estado (nomeadamente, com o sistema fiscal, com o nível de encargos sociais, com a intensidade da burocracia na regulação dos mercados, ou com as características do mercado de trabalho), quer com fenómenos transversais aos Estados (como, por exemplo, com os fluxos migratórios).

[64] Texto revisto e adaptado de artigo publicado na revista *Dirigir* n.º 109, Jan./Mar. 2010: 40-45.

A verdade é que a não erradicação deste fenómeno tem implicações em muitas áreas da governação, incluindo a do emprego, a da Segurança Social, a da saúde, da segurança, ou da educação, e da definição das políticas macroeconómicas e, nesta medida, as responsabilidades entre diversas áreas da governação, ou seja, entre os diversos Ministérios que tutelam estas áreas encontram-se distribuídas.

De facto, pela sua natureza difusa, não tem sido fácil quantificar nos diversos países europeus nem a "economia informal", nem "o trabalho não declarado" (parcela da economia informal), nem o "trabalho irregular". Aliás, as próprias definições de "economia informal", de "trabalho não declarado" e de "trabalho irregular" variam consoante o contexto nacional (sobretudo, porque as noções de "trabalho subordinado", de "trabalho independente" e de "trabalho familiar" não são unas e mudam de país para país). Assim, este problema – comum aos Estados-membros da UE – convoca os diversos Governos a articular uma estratégia comum de combate ao trabalho não declarado, designadamente através de reuniões periódicas, da definição coerente de políticas e da coordenação de acções e da partilha de informação.

Acresce que, no âmbito de fortes crises socioeconómicas internacionais – que, inevitalmente, destroem muito emprego e geram desemprego massivo, os desafios de controlar e fiscalizar o cumprimento efectivo da legislação nacional laboral tornam-se mais complexos.

Assim, urge realçar as consequências do trabalho não declarado e irregular confirmando que estas se fazem sentir não apenas a nível individual mas, e acima de tudo, na sociedade no seu conjunto (Klazmann, 1989), significando no plano da economia, uma importante perda de receitas, quer para o Sistema Público de Segurança Social e para a Administração Fiscal e uma distorção da concorrência entre empresas e sectores e, ao nível do emprego, uma maior segmentação social, assim como uma menor propensão para o investimento na formação profissional e mesmo a dissimulação dos dados relativos ao desemprego real.

10.2. Trabalho não declarado e trabalho irregular em Portugal

10.2.1. Trabalho não declarado

Como expusemos, embora de difícil concretização, podemos definir "trabalho não declarado" em sentido lato, como uma actividade de carácter económico-laboral que escapa, no todo ou em parte, aos mecanismos de controlo instituídos em cada país (Laé, 1989), ou seja, uma forma de trabalho remunerada mas não declarada aos poderes públicos (Comissão Europeia, 1998; European Commission, 2020). De facto, existem um conjunto de factores de ordem estrutural – económicos, sociológicos e jurídicos – que tendem a condicionar a emergência desta forma de trabalho, a que se acrescem factores de ordem conjuntural, estes últimos de carácter transitório (Heertje e Barthélémy, 1984). Mas o principal atractivo desta forma de trabalho tem sido, para os empregadores e para os trabalhadores, respectivamente, o de reduzir os seus custos sociais com o trabalho e o de permitir aumentar rendimentos através da fuga aos impostos e às contribuições para a Segurança Social (Grazia, 1980).

De acordo com o Eurobarómetro 2019 o trabalho não declarado é um desafio persistente na UE, que tem consequências negativas para os trabalhadores, as empresas e as autoridades públicas. Um terço dos europeus conhece alguém que trabalha ilegalmente. O inquérito também mostra que os trabalhadores autónomos e móveis estão particularmente ameaçados e destaca os novos desafios ligados à economia digital.

Retrocedendo à "Estratégia Europeia de Emprego" – enunciada em 1997 e que abriu caminho ao chamado Método Aberto de Coordenação – importa referir que, desde então, a Comissão Europeia tem chamado a atenção para a necessidade de promoção de uma "Estratégia Europeia contra o Trabalho Não Declarado" (Comissão Europeia, 1998). Desde essa altura que, entre os Estados-membros da UE, tem existido um grande esforço orientado, simultaneamente, para a avaliação da dimensão e identificação sectorial do fenómeno; para a adopção de medidas que passam pela melhor identificação dos destinatários-alvo; e para o desenvolvimento de medidas que possibilitem erradicar o trabalho não declarado, preocupação que tem granjeado destaque nos Planos Nacionais de Emprego dos diversos Estados-membros.

No balanço da "Estratégia Europeia de Emprego", a Comissão Europeia propôs, em 2007, um conjunto de medidas contra o "trabalho não declarado" na UE que, num esforço para combater a economia paralela, que passam, entre outras, por uma redução mais significativa da tributação do trabalho; pela redução da burocracia e simplificação dos processos administrativos; e pelo combate à remuneração oculta. Assim, em cada Estado-membro torna-se evidente que é necessário que no plano de uma maior afirmação do conceito de cidadania social, se sensibilizem os cidadãos quer para os efeitos nocivos que o "trabalho não declarado" tem na economia e no emprego, pois quanto mais trabalho não declarado, menos emprego disponível, mais elevada tende a ser a carga fiscal no país e mais onerado fica o sistema público de Segurança Social (baseado, entre outras, nas contribuições de empregadores e trabalhadores), quer para a necessidade de uma acção individual de cada trabalhador não declarado, para que este seja capaz de transformar este trabalho não declarado em trabalho declarado alertando para o facto de – ao infringir a lei para fugir aos impostos e às contribuições sociais – serem, eles próprios, as principais vítimas, subtraídos que ficam à tutela jurídico-laboral e social. Depois importa também que se sensibilizem as empresas e os empregadores para o facto de o trabalho não declarado desvirtuar as regras sãs da concorrência empresarial e, como efeito, desencadear o encerramento de muitas empresas.

Depois – e no plano das Políticas Públicas de cada Estado – será fundamental, em primeiro lugar, avaliar a dimensão do fenómeno, designadamente construindo uma "base de dados" que permita aos investigadores um maior conhecimento desta realidade e caracterizar o perfil dos trabalhadores não declarados. Em segundo lugar, encorajar a realização de estudos que permitam uma compreensão global deste fenómeno (das suas causas estruturais e conjunturais), suscitando análises abrangentes e multidisciplinares (económicas, jurídicas e sociológicas) e, aqui, mais do que generalizações, conviria identificar – através de um rastreio sectorial das actividades – "determinados circuitos" de trabalho não declarado. Além do mais – e ainda no plano das Políticas Públicas – importa prosseguir uma articulação eficaz entre os serviços (de tutelas distintas) que investigam fraudes, estabelecendo uma efectiva política preventiva e sancionatória e promovendo uma abordagem pró-activa, com a intervenção de investigadores especialistas, inspectores e Ministério

Público e ainda, sempre que possível, incrementar um intercâmbio de boas práticas entre Estados-membros da UE.

Por fim, convirá ainda – *maxime* em momento de crise – reforçar a prevenção, dado que se estima que com a recessão económica, se multipliquem os casos de actividades opacas ao fisco e que se dê uma quebra de contribuintes para a Segurança Social pois alguns trabalhadores independentes (sobretudo os que auferem rendimentos muito baixos) tendem a cessar formalmente a sua actividade, prosseguindo informalmente com a mesma e reforçar a vigilância aos fluxos migratórios (imigrantes).

10.2.2. Trabalho irregular

Um dos grandes desafios da Reforma Laboral de 2008/2009 – na qual se inseriu a revisão do Código do Trabalho – foi o combate à precariedade e o reforço dos instrumentos de fiscalização do "trabalho irregular". No que respeita ao trabalho irregular – formas de trabalho utilizadas fora do quadro normativo, designadamente, "falso trabalho independente"; contratação a termo abusiva; trabalho suplementar não remunerado e irregularidades na organização e registo dos tempos de trabalho) – procurando contrariar, na expressão de Monteiro Fernandes, a "cultura de dissimulação do paradigma laboral" (Monteiro Fernandes, 2004) instalada na sociedade portuguesa, através de novos instrumentos de fiscalização.

Não obstante estas medidas permanecem quatro aspectos aos quais convém reforçar vigilância: o primeiro refere-se ao "falso trabalho independente" pois, em contexto de crise e de tendencial procura de redução dos custos sociais do trabalho, pode voltar a existir um aumento deste tipo de contratação se não se fizer acompanhar por um inequívoco incremento na acção de fiscalização da ACT; em segundo ao cumprimento dos limites máximos dos períodos normais de trabalho, pois em momentos de crise, a intensificação da jornada de trabalho assim como o recurso abusivo ao trabalho suplementar (sem justificação) e não remunerado tendem a banalizar-se; em terceiro aos contratos de estágios e aos contratos de trabalho a termo; por fim, às situações de subdeclarações de remunerações, abaixo dos valores reais efectivamente pagos aos trabalhadores.

Assim, foram positivas, em 2009, para a fiscalização do "falso trabalho independente" as medidas ínsitas no Código do Trabalho em 2009, no sentido de reforçar a presunção jurídica de contrato de trabalho, quando na relação entre a pessoa que presta uma actividade e outra ou outras que dela beneficiam, se verifiquem algum dos denominados indícios jurídicos de subordinação (n.º 1 do artigo 12.º CT); de cominar com uma contra-ordenação muito grave imputável ao empregador a prestação de actividade aparentemente autónoma, em condições características de contrato de trabalho, que possa causar prejuízo ao trabalhador ou ao Estado (n.º 2 do artigo 12º CT); de, em caso de reincidência, prever a possibilidade de aplicação da sanção acessória de privação do direito a subsídio ou benefício outorgado por ente público (n.º 3 do artigo 12.º do CT). Contudo, e a fim de corrigir fragilidades, permanece a exigência em reforçar a vigilância ao "falso trabalho independente".

10.3. Um ponto de viragem na promoção da efectividade legal

No âmbito da Reforma Laboral 2008/2009, importa referir a preocupação, transversal, em consagrar à ACT um conjunto de meios de acção nas suas áreas de competência, patenteada quer no Livro Branco das Relações Laborais (Novembro de 2007), quer no Acordo Tripartido para um Novo Sistema de Regulação das Relações Laborais (Junho de 2008), quer ainda na revisão do Código do Trabalho. O *Livro Branco das Relações Laborais 2007* propunha que fossem criadas condições para que a ACT seja dotada de recursos – humanos, técnicos, materiais e financeiros – adequados ao desenvolvimento eficaz da sua actividade e que o Ministério Público dispusesse de meios de acção nas suas áreas de competência. Depois, no "Acordo Tripartido para um Novo Sistema de Regulação das Relações Laborais, das Políticas de Emprego e da Protecção Social em Portugal", os parceiros sociais enunciaram, entre outras medidas, o aumento dos quadros inspectivos da ACT e o reforço do quadro de pessoal de apoio técnico superior e/ou administrativo da ACT, nos valores anuais mínimos de 50 efectivos entre 2009 e 2011.

Como mencionámos, as disposições legais vertidas no Código do Trabalho pela Lei n.º 7/2009 relativas ao "falso trabalho independente" são importantes mecanismos legais que permitirão melhorar o âmbito de acção da ACT, em particular quando reforça a presunção de contrato de trabalho e quando considera o recurso a esta forma de contratação uma contraordenação muito grave, aplicando ainda uma sanção acessória de privação do direito a subsídio ou benefício outorgado por ente público, assim como a sanção de publicidade das empresas infractoras.

10.4. Considerações finais

Como referimos em cada Estado, o "trabalho não declarado" e o "trabalho irregular" constituem um fenómeno grave, simultaneamente do ponto de vista ético, legal e económico. Acresce que, num momento de difícil conjuntura económica e social, urge que se entenda que estas formas de trabalho tendem a ser acompanhados de um perigoso sentimento de banalização e de impunidade. E, sendo esta uma questão de exercício de cidadania social, torna-se necessário que os cidadãos sejam sensibilizados para o facto de estas formas de trabalho terem efeitos muito nocivos quer no tecido social do país, quer na economia. Perante este cenário, adensa a dúvida sobre qual a eficácia – no plano da fiscalização das condições de trabalho – da acção inspectiva de cada Estado. Neste difícil contexto – e tanto mais que cresce a percepção de que encontra próximo um período de "maior incumprimento laboral"– os poderes públicos deverão assumir um papel decisivo no garante de níveis razoáveis de efectividade legal, pugnando por um claro e imprescindível reforço da dimensão ética na esfera laboral.

Desde logo porque, numa democracia, a própria definição de direitos, pressupõe também a existência de deveres, e a cidadania social constitui um dos fundamentos mais marcantes do moderno Estado de Bem-estar e das Políticas Públicas. Daí que urja realçar que as consequências do trabalho não declarado e irregular não se fazem sentir apenas a nível individual, mas projectam-se, acima de tudo, na sociedade no seu conjunto e que uma acção eficaz nesta área só se consegue se os actores sociais com responsabilidades na área social se empenharem, de forma planeada e estratégica, numa missão comum.

Assim, no seu conjunto, as medidas ínsitas na Reforma Laboral 2008/2009 traduzem um ponto de viragem no fortalecimento da intervenção pró-activa da ACT, em especial na promoção de maior efectividade legal e no combate ao trabalho não declarado e irregular em Portugal.

Referências

Comissão do Livro Branco das Relações Laborais (2007), *Livro Branco das Relações Laborais.* Lisboa, Ministério do Trabalho e da Solidariedade Social.

Comissão Europeia (1998), *Comunicação sobre trabalho não declarado.* COM 219 – C4-0566/1998.

Grazia, R. (1980), "Le travail noir: un problème d' actualité". *Revue Internationale du Travail,* vol. CXIX, nº 5, 595.

Heertje, A. e Barthélémy, P. (1984), *L'économie souterraine.* Paris, Economica.

Klazmann, R. (1989), *Le travail au noir,* Col. Que sais-je? Paris, PUF.

Laé, J. F. (1989), *Travailler au noir.* Paris, A.M. Métailié.

MTSS (2008), *Acordo Tripartido para um Novo Sistema de Regulação das Relações Laborais, das Políticas de Emprego e da Protecção Social em Portugal.* Lisboa, Ministério do Trabalho e da Solidariedade Social.

OIT (2009), *Tendências Mundiais de Emprego.* Genebra, *Organização Internacional do Trabalho.*

Rebelo, G. (2003a), *Emprego e Contratação Laboral em Portugal – Uma Análise Socioeconómica e Jurídica.* Lisboa, EditoraRH.

Rebelo, G. (2003b), *Trabalho Independente em Portugal.* WP Dinâmia n.º 32, Lisboa, ISCTE.

Rebelo, G. (2004), "O trabalho não declarado". *Economia Pura,* n.º 67: 16-19.

Rebelo, G. (2006a), "Fraude e evasão no trabalho". *Jornal de Negócios,* 2 de Janeiro.

Rebelo, G. (2006b), "Desafios para uma revisão do Código do Trabalho". *Jornal de Negócios,* 4 de Dezembro.

Rebelo, G. (2006c), *Flexibilidade e Diversidade Laboral em Portugal.* WP Dinâmia n.º 50, Lisboa, ISCTE.

Rebelo, G. (2018), "Relações Laborais em Perspectiva." *Cadernos de Economia* n.º 121, Jan./Mar., Ordem dos Economistas: 17-22.

11. FORMAÇÃO: UMA RESPOSTA NECESSÁRIA À CRISE[65]

11.1. Crise internacional e desemprego

A crise económica mundial de 2009 ficou consensualmente associada a uma crise de confiança, que se manifestou a diversos níveis da nossa sociedade, muito em especial na quebra acentuada do consumo, na retracção do investimento privado, na retracção na procura e, sobretudo, no aumento do desemprego. De facto, se algumas empresas ajustaram a sua actividade sem dispensar recursos humanos – recorrendo, por exemplo, aos múltiplos instrumentos de flexibilidade qualitativa, como a adaptabilidade do tempo de trabalho – outras, invocando motivos como o fim de contratos de trabalho a termo ou os despedimentos colectivos por motivos de mercado, optam por medidas de flexibilidade quantitativa, impelindo para o desemprego.

Por exemplo, de acordo com o Eurostat, em Maio de 2009 o desemprego tinha atingido, nos 27 países da UE, os 8,9% ou seja, 21,462 milhões de pessoas, o que significa um aumento de 5,111 milhões face ao período homólogo de 2008. E, embora a taxa de desemprego tenha registado maior aumento nos EUA, comparativamente a este país e ao Japão, o espaço da Zona Euro era aquele onde se registava a taxa de desemprego mais elevada: 9,5%, face a 9,4% nos EUA e 5,2% no Japão.

[65] Texto revisto e adaptado de artigo publicado na revista *Dirigir* n.º 108, Out. /Dez. 2009: 17- 22.

11.2. Medidas anti-crise e iniciativa Emprego

Procurando reagir à crise financeira internacional de 2009, diversos países da UE anunciaram medidas nacionais dotadas da flexibilidade necessária à diversidade dos sistemas financeiros e regras nacionais, mas acima de tudo capazes de salvaguardar o investimento, o poder de compra e o emprego, como os pilares da sua política económica nacional.

Portugal não foi excepção. Com a multiplicação de situações pessoais e familiares difíceis relacionadas com o recurso ao crédito, as reestruturações de empresas e situações de lay-off, o plano anti-crise português assentou em cinco eixos: apoio ao emprego e reforço da protecção social; apoio especial à actividade económica, exportações e PME; investimento em energia sustentável; modernização de escolas e da infra-estrutura tecnológica; e reforço da transparência dos mercados financeiros. Assim, no plano anti-crise português de 2009, são de destacar o reforço da transparência do mercado por via de nova legislação financeira e um conjunto de medidas de apoio ao emprego, em especial a Iniciativa para o Investimento e o Emprego. De facto, no que concerne às medidas de apoio ao emprego, assume principal protagonismo a Iniciativa para o Investimento e o Emprego (IIE) – iniciativa que representa um estímulo adicional para a economia de cerca de 1,25% do PIB, dos quais 0,8% do PIB são financiados directamente pelo Orçamento do Estado. A IIE previa um conjunto de medidas específicas de estímulo ao emprego, assumindo particular importância os novos instrumentos direccionados para a manutenção do emprego, para facilitar o retorno ao mercado de trabalho, bem como para promover o acesso dos jovens ao emprego. De facto, face ao impacto da crise internacional, a ideia de reforçar, temporariamente, as medidas tradicionais de apoio às empresas mediante o estabelecimento de instrumentos que lhes permitam fazer face a esta nova realidade conjuntural. Esta medida visava três propósitos simultâneos: evitar a redução do rendimento das famílias; estimular a qualificação, através de formação profissional; e proporcionar às empresas uma melhor capacidade de resposta na altura da retoma económica internacional. Procurava-se, assim, responder a uma crise conjuntural, pretendendo aproveitar os períodos de redução ou suspensão da actividade nas empresas para melhorar a qualificação dos trabalhadores, assegurando os níveis de emprego e contribuindo, através da formação profissional, para a sua adaptação aos desafios da conjuntura internacional.

Enquadrada na Iniciativa para o Investimento e o Emprego, a Iniciativa Emprego 2009 visava apoiar a contratação de desempregados e colocar vários milhares de trabalhadores em programas de formação, quer através de um conjunto de medidas gerais (nomeadamente, cursos de especialização tecnológica; estágios Qualificação-Emprego; contratos Emprego-Inserção; apoio à contratação de Desempregados de Longa Duração; apoio à redução da precariedade no emprego; apoio à contratação sem termo de Desempregados com 55 anos ou mais; apoio à contratação a termo dos trabalhadores com 55 anos ou mais) quer através de um conjunto de medidas específicas para Jovens, apoiando a contratação e facultando estágios profissionais destinados a jovens, quer ainda implementar medidas para públicos específicos (contrato Emprego-Inserção+; apoio à contratação sem termo de públicos específicos; apoio à contratação a termo de públicos específicos).

A qualificação de activos em períodos de redução ou de suspensão da actividade dirigiu-se a empresas economicamente viáveis que estejam, conjunturalmente, a enfrentar uma redução da procura e visa aproveitar esses períodos para melhorar o conjunto de competências dos trabalhadores, implementando formação orientada para a melhoria da competitividade, em particular formação do Catálogo Nacional de Qualificações e Novas Oportunidades.

Depois, também dirigida às empresas, a Iniciativa Emprego 2009 visava aplicar medidas de apoio ao Emprego e à Contratação (apoio ao emprego em micro e pequenas empresas; à contratação de jovens, de Desempregados de Longa Duração e de públicos específicos; apoio à contratação a termo de trabalhadores com 55 anos ou mais e de públicos específicos; apoio à redução da precariedade no emprego dos Jovens; apoio à redução da precariedade no emprego; programa Qualificação-Emprego e concessão de benefícios fiscais), considerando neste âmbito ainda as medidas de estágios (programa estágios profissionais e estágios Qualificação-Emprego). Por fim, no que concerne às medidas por sectores e local, procurou implementar medidas de apoio ao emprego e à contratação (apoio ao emprego; apoio à contratação de jovens, de Desempregados de Longa Duração e de públicos específicos; apoio à contratação a termo de trabalhadores com 55 anos ou mais e de Públicos Específicos; apoio à redução da precariedade no emprego dos jovens; apoio à redução da precariedade no emprego) e medidas de Emprego-Inserção (Contrato Emprego-Inserção; Contrato Emprego-Inserção+) assim como medidas de estágios (programa estágios profissionais; estágios Qualificação-Emprego).

11.3. Medidas de apoio ao Emprego em 2008/2009

Assim, e desde Dezembro de 2008, foram aprovados diversos diplomas através dos quais se procurou, em linhas gerais, manter o emprego; apoiar os jovens no acesso ao emprego; apoiar o regresso ao emprego e alargar a protecção social. E foram diversos os diplomas apresentados. O Programa Qualificação-Emprego – criado pela Portaria n.º 126/2009, de 30 de Janeiro – de carácter temporário (e, inicialmente, válido até final 31 de Dezembro de 2009), estimulava a inserção dos trabalhadores em acções de formação qualificantes, em caso de redução temporária do período normal de trabalho ou suspensão de contratos de trabalho. Este programa – com o objectivo de inserir trabalhadores de empresas mais atingidas pela redução conjuntural da procura dos seus produtos ou serviços em acções de formação qualificantes, no quadro das disposições aplicáveis do Código do Trabalho – aplicava-se a empresas que demonstrassem rácios de solvabilidade e autonomia financeira adequados[66]. Durante o período de vigência do Programa, os trabalhadores mantinham os direitos garantidos no Código do Trabalho para o caso de redução temporária do período normal de trabalho ou suspensão dos contratos de trabalho em situações de crise empresarial e frequentavam as acções de formação que lhe são facultadas no âmbito do Programa.

Além do mais, o apoio ao emprego passou quer pela isenção de contribuições para a Segurança Social quer pela redução da Taxa Social Única (TSU) relativas à celebração de contratos de trabalho. Entre estas, de destacar as medidas de apoio aos jovens no acesso ao emprego e que frequentam estágios profissionais e foram contratados (com apoios de 2000 euros e isenção de TSU durante 2 anos) e o apoio ao regresso ao emprego e à contratação de

[66] E que apresentem uma situação competitiva forte nos mercados onde actuam, e que, por motivos de evolução conjuntural da procura, necessitem de recorrer temporariamente à redução dos períodos normais de trabalho ou à suspensão de contratos de trabalho para assegurar a viabilidade da empresa e a manutenção dos postos de trabalho.

desempregados de longa duração (com apoios de 2000 euros e isenção de TSU durante 2 anos).

Também pela Portaria n.º 765/2009, de 16 de Julho, considerando que os efeitos da crise económica conjuntural podiam prolongar-se, ameaçando postos de trabalho e provocando a quebra de rendimentos das famílias, procedeu-se à revisão de alguns preceitos da Portaria n.º126/2009, de 30 de Janeiro (com a redacção introduzida pela Portaria n.º 331-D/2009, de 30 de Março), designadamente alterando o Programa Qualificação-Emprego, nos termos do disposto na al. c) do artigo 7.º ("não distribuir lucros durante a vigência do Programa e relativos ao ano em que o Programa vigore na empresa, sob qualquer forma, nomeadamente a título de levantamento por conta) e da al. e) (não aumentar as remunerações dos membros dos corpos sociais) e, ainda, nos termos do n.º 2 do artigo 15.º, estendendo o programa até 31 de Dezembro de 2010.

Também – na sequência do compromisso assumido no *Acordo Tripartido para Um Novo Sistema de Regulação das Relações Laborais, das Políticas de Emprego e da Protecção Social em Portuga*l – no sentido de melhorar a eficácia dos serviços de apoio ao emprego, bem como de criar condições legais para executar uma das medidas específicas de apoio ao emprego da IIE, foram criados, através da Portaria n.º 127/2009, de 30 de Janeiro, os gabinetes de inserção profissional (GIP), estruturas de apoio ao emprego dotadas de maior flexibilidade e capacidade de actuação em proximidade aos territórios e às populações, para desenvolvem, em autarquias, associações sindicais ou empresariais, e em entidades sem fins lucrativos actividades de apoio à procura activa; de acompanhamento personalizado; de captação e divulgação ofertas de emprego e de encaminhamento para qualificação. Em articulação com a rede de centros do IEFP, os GIP visavam alargar as áreas de intervenção, nomeadamente no que concerne ao apoio à procura activa de emprego, ao acompanhamento personalizado dos desempregados em fase de inserção ou reinserção profissional; à captação de ofertas junto de entidades empregadoras; à divulgação de ofertas de emprego e actividades de colocação; ao encaminhamento para ofertas de qualificação, e à divulgação e encaminhamento para medidas de apoio ao emprego, qualificação e empreendedorismo. Com esta iniciativa alterou-se ainda o modelo de funcionamento, através da contratualização de objectivos quantitativos e qualitativos, bem como o princípio da avaliação regular da sua actividade, tendo em vista melhorar a capacidade de apoio aos desempregados.

Por fim, com este novo modelo, deu-se uma aproximação da oferta geográfica do IEFP, já de si muito disseminada pelo território nacional, às necessidades locais, como forma de assegurar uma acção mais incisiva, localizada e personalizada em prol do emprego. Os GIP – sujeitos a concessão de autorização de funcionamento pelo IEFP – prestavam apoio a jovens e adultos desempregados para a definição ou desenvolvimento do seu percurso de inserção ou reinserção no mercado de trabalho, em estreita cooperação com os centros de emprego[67].

11.4. Considerações finais

No âmbito da crise económica internacional de 2008 e do agravamento do desemprego a preocupação foi, sobretudo, de implementar políticas públicas adequadas aos problemas do mercado de trabalho português – como as políticas de emprego dirigidas aos jovens, aos trabalhadores e desempregados seniores e aos desempregados de longa duração – capazes não só de responder a uma crise conjuntural, como de se relacionarem com uma política económica sustentável.

Daí que, em qualquer ambiente de crise internacional, em que a salvaguarda de emprego emerge como o grande desafio, seja premente responder à necessidade – crescente – de articulação entre a educação e a formação, garantindo novas oportunidades de formação aos jovens e aos adultos que já estão inseridos no mercado de trabalho, reconhecendo-lhes competências adquiridas (na escola e ao longo da vida profissional) e identificando necessidades adicionais de formação[68].

[67] De referir que podem promover a criação de GIP, nomeadamente, as autarquias locais; as instituições particulares de solidariedade social; outras associações relevantes na dinamização e desenvolvimento local; as associações de imigrantes e para imigrantes; as associações sindicais e de empregadores; escolas com oferta de vias profissionalizantes de nível secundário.

[68] Como, por exemplo, foi solucionado em Portugal, designadamente através do Programa Novas Oportunidades. De referir que na origem dos actuais Centros Novas Oportunidades esteve a rede nacional de centros de reconhecimento, validação e certificação de competências (centros RVCC), criada em 2001 pela Portaria n.º 1082-A/2001, de 5 de Setembro, e

De facto, para enfrentar os desafios de uma economia mundial baseada no conhecimento e caracterizada pela globalização, pareceu incontornável que se respondesse à crise através de um reforço na aposta na formação profissional, condição fundamental para elevar a capacidade de adaptação das empresas e para fomentar emprego e crescimento económico.

Referências

European Commission (2009), *Eurostat*. Luxembourg.

Rebelo, G. (2003), *Emprego e Contratação Laboral em Portugal – Uma Análise Socioeconómica e Jurídica*. Lisboa, Editora RH.

Rebelo, G. (2006a), "Educação, formação e emprego: por uma cultura de inovação". *Sociedade e Trabalho* n.º 29: 55-65.

Rebelo, G. (2008) "Crise Financeira e Europa Social". *Cadernos de Economia* n.º 85, Ordem dos Economistas: 12-18.

Rebelo, G. (2009), *Conjunturas e Tendências – Uma Visão sobre Portugal, a Europa e o Mundo*. Lisboa, Edições Sílabo.

ulteriormente alterada pela Portaria n.º 286-A/2002, de 15 de Março. Só mais tarde em 2008, este diploma foi globalmente alterado pela Portaria nº 370/2008 de 21 de Maio (que cria os Centros Novas Oportunidades).

12. PARENTALIDADE PARTILHADA E IGUALDADE DE OPORTUNIDADES NO TRABALHO[69]

12.1. O contexto da reforma laboral de 2009

Na Lei n.º 7/2009, de 12-02 – lei que procedeu à revisão do Código do Trabalho – assumiu particular destaque o tema da "Conciliação entre a vida familiar e a vida profissional".

Desde o começo deste século XXI vivemos um momento de globalização fortemente marcado por dois factores: a incerteza (nos mercados, na economia, no trabalho) e a celeridade da mudança social (sentida a diversos níveis mas em especial ao nível do envelhecimento das sociedades e das mutações relativas à família). Um ambiente de incerteza e de célere mudança social que se repercute, naturalmente, no domínio do Direito do Trabalho – cujo pendor social é acentuado e reflecte as preocupações económicas e sociais dominantes. Neste contexto, enquanto os trabalhadores – no âmbito da afirmação de uma "cidadania social" e de uma "cidadania na empresa" – tendem a reivindicar um enriquecimento do conteúdo normativo do Direito do Trabalho, especialmente através da regulação de novos direitos sociais, as empresas e os empregadores tendem a reclamar um direito laboral flexível, capaz de responder à necessidade de melhorar a sua racionalidade e de permitir uma melhor adaptação às flutuações do mercado.

[69] Texto revisto e adaptado de artigo publicado na revista *Dirigir* n.º 107, Abr./Jun.2009: 25-29.

Ora o Direito do Trabalho – ramo do direito que reflecte as preocupações económicas e sociais dominantes – não tem sido alheio a esta mudança social. E, nesta circunstância, a urgência de conciliar vida profissional e vida familiar e de partilhar, entre homens e mulheres, responsabilidades domésticas e familiares tem convidado o legislador a integrar na lei laboral, progressivamente, um conjunto de matérias, ou relativas à igualdade de género e não discriminação, ou atinentes à tutela da parentalidade.

De facto, o acesso massivo das mulheres ao mercado de trabalho tem vindo a suscitar – ao nível das Políticas de Emprego e do Direito do Trabalho – inúmeros desafios, *maxime*, em países como Portugal, onde a participação das mulheres no mercado de trabalho é particularmente visível, na medida em que estas trabalham maioritariamente – como o revelam os dados do INE – a tempo completo. Deste modo, tratar do tema da "Conciliação entre a vida familiar e a vida profissional" – implica analisar, simultaneamente, por um lado, da igualdade de oportunidades entre homens e mulheres no trabalho e, por outro, da família e da partilha de responsabilidades familiares, isto é o que designaremos por "parentalidade partilhada".

Embora a assunção (pelo homem e pela mulher) das responsabilidades familiares para com ascendentes e descendentes – seja um problema das famílias e da sociedade em geral, diversos estudos patenteiam que as mulheres continuam a ser vistas como as principais responsáveis pelos cuidados dos filhos e outros dependentes. Ora, esta situação tende a perpetuar o estereótipo de género no trabalho, uma vez que as mulheres passam a ser percepcionadas de "segunda escolha", e propende a que, no mercado de trabalho, as mulheres sejam penalizadas ao nível da inserção laboral e da progressão na carreira ou, em alternativa, adiem, cada vez mais, a maternidade.

12.2. O Livro Branco das Relações Laborais e a revisão do Código do Trabalho

Acresce que a Reforma Laboral – na qual se enquadra a revisão do Código do Trabalho de 2009 – não pode explicar-se desenquadrada nem das propostas apresentadas pela Comissão Europeia em 2006, no seu *Livro Verde – Modernizar o Direito do Trabalho para enfrentar os desafios do século XXI*, nem das propostas apresentadas em Portugal, quer pelo *Livro Verde sobre as Relações Laborais* (2006) quer pelo *Livro Branco das Relações Laborais* (2007).

O *Livro Branco das Relações Laborais* identificou os principais problemas da realidade socioeconómica do país e enunciou um conjunto de propostas de intervenção legislativa que considerou adequadas, sugerindo intervir no sentido, designadamente, da promoção da flexibilidade interna das empresas, e da melhoria das possibilidades de conciliação entre vida profissional e vida familiar e igualdade de género.

Assim, quer a imposição do gozo obrigatório de licença inicial após o nascimento do filho de dez dias úteis quer o reforço dos direitos do pai trabalhador introduzidos no Código do trabalho por esta Lei n.º 7/2009, designadamente pela faculdade de gozo de licença de dez dias úteis, seguidos ou interpolados, em simultâneo com o gozo de licença pela mãe, foi uma oportuna medida legislativa, encorajadora de um indispensável modelo de parentalidade partilhada, e condição fundamental para assegurar uma efectiva igualdade de oportunidades entre mulheres e homens no trabalho.

Para que as mulheres possam assegurar uma carreira em igualdade de oportunidades, não sendo prejudicadas pela assunção de responsabilidades familiares, tratar juridicamente o tema da conciliação da actividade profissional com a vida familiar implica relacionar esta matéria com o disposto na Constituição da República Portuguesa, em especial na matéria que concerne ao princípio da igualdade e da não discriminação (artigo 13.º)[70] e ao princípio do direito ao trabalho (artigo 59.º)[71].

E se, em matéria de igualdade e não discriminação, desde a entrada em vigor da Constituição de 1976, foram aprovados alguns diplomas relativos à temática – designadamente, o Decreto-Lei n.º 392/79, de 20 de Setembro (Igualdade e não discriminação em função do sexo); a Lei n.º 105/97, de 13 de Setembro (Igualdade no trabalho e no emprego) – em 2009, o legislador inovou, acima de tudo, ao nível da ênfase que conferiu ao conjunto das disposições

[70] Princípio estruturante do sistema constitucional português, que assenta na ideia de igual dignidade social de todos os cidadãos e que apresenta uma inequívoca função social, rejeitando a possibilidade de exercício de toda e qualquer discriminação de género entre os indivíduos.
[71] Especialmente na vertente em que assegura a organização do trabalho em condições socialmente dignificantes, de forma a facultar a realização pessoal e a permitir a conciliação da actividade profissional com a vida familiar (al. b) do n.º 1).

sobre conciliação entre vida privada e vida familiar, afirmando por esta via a igualdade de oportunidades entre homens e mulheres.

A Constituição da República Portuguesa considera – no nº 1 do seu artigo 67.º – a família como elemento fundamental da sociedade, reconhecendo-lhe direito à protecção da sociedade e do Estado. E, no conjunto de incumbências do Estado sobre esta matéria, convém realçar os propósitos de se executar uma política de família com carácter global e integrado (alínea g)), e de promover, através da concertação das várias políticas sectoriais, a conciliação da actividade profissional com a vida familiar (alínea h)).

Assim, falar de família e da promoção efectiva da igualdade na conciliação entre trabalho e responsabilidades familiares suscita alguns desafios, em particular no que se refere ao problema da assunção, pelo homem e pela mulher, das responsabilidades familiares para com ascendentes e descendentes. De facto, e muito embora seja um problema das famílias e da sociedade em geral, diversos estudos patenteiam que as mulheres continuam a ser vistas como as principais responsáveis pelos cuidados dos filhos e outros dependentes (Barrère-Maurisson *et al.*, 2000; Maruani, 2000; Méda, 2001; Rebelo, 2002). Ora, esta situação perpetua o estereótipo de género no trabalho, uma vez que as mulheres tendem a ser percepcionadas de "segunda escolha", e tende a que – como alguns estudos o demonstram – no mercado de trabalho, as mulheres sejam penalizadas ao nível da inserção laboral e da progressão na carreira ou adiem, cada vez mais, a maternidade.

Em 2009, a "conciliação da actividade profissional com a vida familiar", emerge, expressamente, como princípio orientador: no direito à igualdade no acesso a emprego e no trabalho; nos deveres do empregador; e na elaboração de horário de trabalho. No então artigo 24.º (com a epígrafe "direito à igualdade no acesso a emprego e no trabalho" e que correspondia, com algumas alterações, ao disposto no artigo 22.º consagrado pela Lei n.º 99/2003), o legislador reconheceu o direito à igualdade de oportunidades e de tratamento no que se refere ao acesso ao emprego, à formação e promoção ou carreira profissionais e às condições de trabalho assegura, na alínea b) do n.º 3 desta norma, que o disposto nos números anteriores não prejudica a aplicação de disposições relativas à especial protecção de património genético, gravidez, parentalidade, adopção e outras situações respeitantes à conciliação da actividade profissional com a vida familiar, acautelando assim para este conjunto de matérias o princípio da igualdade de oportunidades e de tratamento. No artigo 127.º ("deveres do empregador"), no seu nº 3, o legislador exigiu que o empregador proporcione ao trabalhador condições de trabalho que favoreçam a conciliação da actividade profissional com a vida familiar e pessoal. No artigo 212.º ("elaboração de horário de trabalho"), no seu n.º 2, a lei estabelece que – competindo ao empregador determinar o horário de trabalho do trabalhador, dentro dos limites da lei – o empregador tem o dever de, entre outras, facilitar ao trabalhador a conciliação da vida profissional com a vida familiar (alínea b)), constituindo contra-ordenação grave a violação do disposto neste n.º 2 (n.º 4), sendo de realçar que aqui o legislador inova – relativamente ao disposto no artigo 172.º da Lei n.º 99/2003, de 27 de Agosto ("critérios especiais de definição do horário de trabalho") – pois inclui nos critérios especiais de definição do horário de trabalho o princípio orientador da conciliação entre vida profissional e vida familiar.

Acolhendo disposições constantes na Lei n.º 99/2003, de 27 de Agosto e na Lei n.º 35/2004, de 29 de Julho, na revisão do Código do Trabalho de 2009, a conciliação entre vida profissional e vida familiar passou pela afirmação da tutela da parentalidade, designadamente, nas seguintes disposições:

- No artigo 3.º ("relações entre fontes de regulação") – onde se prevê que as normas legais reguladoras de contrato de trabalho só podem ser afastadas por IRCT que, sem oposição daquelas normas, disponha em sentido mais favorável aos trabalhadores quando respeitem, entre outras, às matérias da igualdade e não discriminação (al. a)) e da protecção na parentalidade (al.b)), assim como, dos limites de duração dos períodos normais de trabalho diário e semanal (al.g)).
- No artigo 25.º ("proibição de discriminação") – onde se tutela a igualdade sancionando as práticas discriminatórias exercidas em virtude do gozo de licenças por parentalidade ou de faltas para assistência a menores.
- No artigo 31.º ("igualdade de condições de trabalho") – onde se assegura que, sem prejuízo das diferenças de retribuição que possam existir entre homens e mulheres, baseados em factores objectivos, as licenças, faltas ou dispensas relativas à protecção na parentalidade não podem fundamentar diferenças na retribuição.

- No artigo 211.º ("limite máximo da duração média do trabalho semanal) – os dias de licença parental, inicial ou complementar, e de licença para assistência a filho com deficiência ou doença crónica passam a ser considerados com base no correspondente período normal de trabalho.
- O direito ao gozo da licença parental inicial cabe a ambos os progenitores que podem partilhá-la (n.º 1 e n.º 4 do artigo 40.º), sem prejuízo dos direitos exclusivos da mãe, nomeadamente o gozo das 6 semanas seguintes ao parto e a possibilidade de antecipar o início da licença (sendo que, na falta de decisão conjunta, o gozo da licença é da trabalhadora mãe).
- Alarga a duração da licença parental inicial (n.º 2 do artigo 40.º): a mãe e o pai passaram a ter direito a licença de 120 ou 150 dias consecutivos, acrescida em 30 dias no caso de cada um dos progenitores gozar em exclusivo um período de 30 dias seguidos ou dois períodos de 15 dias consecutivos, após o período de gozo obrigatório pela mãe a que se refere o n.º 2.
- Reforça os direitos do pai trabalhador (artigo 43.º): quer pelo aumento do período de gozo obrigatório de licença inicial após o nascimento do filho de 5 para 10 dias úteis, sendo que 5 deviam ser gozados imediatamente a seguir ao nascimento do filho quer pela concessão de licença de gozo facultativo de 10 dias úteis, seguidos ou interpolados, em simultâneo com o gozo de licença pela mãe.
- A licença por adopção (artigo 44.º por remissão para artigo 40.º) passando a beneficiar do mesmo período de duração da licença parental.
- Concede-se ao pai o direito a três dispensas ao trabalho para acompanhar a mãe a consultas pré-natais (artigo 46.º n.º 5).
- Concede-se aos avós o direito a faltar ao trabalho para assistência a neto menor, em substituição dos pais quando estes não faltem pelo mesmo motivo ou estejam impossibilitados de prestar a assistência devida (artigo 50.º).

12.3. Considerações finais

O tema da "Conciliação entre a vida familiar e a vida profissional" assume especial protagonismo na revisão do Código do Trabalho em 2009, especialmente através do reforço de mecanismos de facilitação da conciliação da vida familiar com a vida profissional e da promoção da igualdade de oportunidades entre homens e mulheres, no que respeita ao emprego e às condições de trabalho. Enquanto vivermos numa sociedade onde as oportunidades forem diferentes para os homens e para as mulheres, e se mantiverem os estereótipos de género no trabalho, é preciso criar condições para que os homens partilhem com as mulheres as responsabilidades familiares. Mais tarde a Lei n.º 120/2015, de 1 de Setembro, que procedeu à nona alteração ao Código do Trabalho, veio reforçar a tutela da parentalidade e alterar não apenas o CT mas também o Decreto-Lei n.º 91/2009, de 9 de Abril (que estabelece o regime jurídico de protecção social na parentalidade no âmbito do sistema previdencial e no subsistema de solidariedade), o Decreto-Lei n.º 89/2009, de 9 de Abril (que regulamenta a protecção na parentalidade, no âmbito da eventualidade maternidade, paternidade e adoção, dos trabalhadores que exercem funções públicas integrados no regime de protecção social convergente). Especificamente no que se refere ao CT, de realçar que a Lei n.º 120/2015 alterou – em matéria de licenças, faltas e dispensas – os artigos 40.º, 43.º e 127.º do CT.

Recentemente a Lei n.º 90/2019, de 4 de Setembro alterou o Decreto-Lei n.º 89/2009, de 9 de Abril e alterou ainda o Decreto-Lei n.º 91/2009, de 9 de Abril (alterado pelos Decretos-Leis n.º 70/2010, de 16 de Junho e 133/2012, de 27 de Junho e, ainda, pela Lei n.º 120/2015, de 1 de Setembro e pelo Decreto-Lei n.º 53/2018, de 2 de Julho, que estabelece o regime jurídico de proteção social na parentalidade no âmbito do sistema previdencial e no subsistema de solidariedade) (Rebelo, 2020).

Trata-se de uma opção legislativa encorajadora de um modelo de partilha de responsabilidade parental, condição fundamental para que seja possível às trabalhadoras – em particular às trabalhadoras-mães – assegurar uma efectiva igualdade de oportunidades no trabalho (Rebelo, 2019). Mas, e apesar do reforço global da protecção da igualdade de oportunidades no trabalho e das medidas facilitadoras de uma "parentalidade partilhada", a sua exequibilidade – dado que se trata de uma área do Direito onde a evolução de mentalidades é fundamental para que o padrão formal criado pela lei seja uma realidade – pode ser limitada se não se fizer acompanhar da actuação de todos aqueles que operam, no seu conjunto, na área do Direito do Trabalho, isto é, dos parceiros sociais, dos advogados e juízes e, claro está, dos trabalhadores.

Referências

Barrère-Maurisson M. A., *et al.* (2000), "Temps de travail, temps parental". *Premières Synthèses*, n.º 20 -1, Dares.

Chagas Lopes, M. (1999), "A igualdade de oportunidades como estratégia empresarial". *Sociedade e Trabalho*, n.º 6, M.T.S.S.

Gomes Canotilho, J.J. e Vital Moreira (2007), *Constituição da República Portuguesa.* Coimbra Editora, Coimbra.

Maruani, M. (2000), *Travail et emploi des femmes.* Paris, Éditions La Découverte, Syros.

Méda, D. (2001), *Le Temps des femmes. Pour un nouveau partage des rôles.* Paris, Flammarion.

Méda, D. e Périvier, H. (2007), *Le deuxième âge de l'émancipation.* Paris, La République des idées.

Rebelo, G. (1999), "Acerca das novas formas de trabalho em Portugal – uma perspectiva sócio-organizacional e jurídica". *Organizações e Trabalho*, n.º 21: 30-45.

Rebelo, G. (2001), "A flexibilidade no trabalho: as questões da redução do tempo de trabalho e do trabalho a tempo parcial". *Organizações e Trabalho*, n.º 26: 31-40.

Rebelo, G. (2002), *Trabalho e Igualdade – Mulheres, Teletrabalho e Trabalho a Tempo Parcial.* Oeiras, Celta.

Rebelo, G. (2003), *Emprego e Contratação Laboral em Portugal – Uma Análise Socioeconómica e Jurídica.* Lisboa, EditoraRH.

Rebelo, G. (2008a), "A família no Código do Trabalho". *Público*, 26 de Abril.

Rebelo, G. (2008b), "Um novo sentido de família". *Público*, 3 de Janeiro.

Rebelo, G. (2019), "Working Time Organization : Influences in Work-family Balance and Career". *International Journal on Working Conditions* n.º 18: 113-130 (disponível em https://doi.org/10.25762/h6j6-xn58).

Rebelo, G. (2020), "As Licenças, as faltas e as dispensas no âmbito da protecção da parentalidade no trabalho". *Prontuário de Direito do Trabalho* 2020-I, Centro de Estudos de Judiciários: 173-198.

13. ASSÉDIO MORAL E DIGNIDADE NO TRABALHO[72]

13.1. O assédio moral como ofensa à dignidade humana

Conduta abusiva que se manifesta designadamente através de palavras, actos e gestos que visem atentar contra a personalidade, a dignidade e a integridade física e psíquica de um indivíduo, deteriorando o clima de trabalho e colocando em risco o seu emprego, o assédio moral tem sido encarado – desde a sua primeira definição proposta por Carroll Brodsky em 1976 – como uma vertente da violência e da discriminação no trabalho.

E, nesta medida, o assédio moral – ou seja a violência psicológica repetida e contínua com o objectivo de perseguir ou intimidar outrem – evidencia aspectos específicos, distinguindo-se de outras formas de hostilidade ou de conflitos no trabalho, ou das situações de stress ou pressão laboral, decorrentes da necessidade do cumprimento de prazos ou objectivos (Hirigoyen, 2001).

Apesar da natureza tradicional do problema, a verdade é que somente a partir da década de 1990 se constatou um aumento dos casos de assédio em diferentes países. E, embora sob denominações distintas, o recurso a esta figura como meio de tutelar os direitos de personalidade no trabalho tem sido, um pouco por todo o mundo, crescente. Por exemplo, nos EUA a designação bullying (oriunda do verbo "to bully") serve para designar as acções de intimidar ou de ameaçar exercidas pelo "bully" (o tirano), daí que seja utilizada

[72] Texto revisto e adaptado de artigo publicado sob o título "Notas sobre o assédio moral no Código do Trabalho", na revista *Dirigir* n.º 104, Out. /Dez. 2008: 36-39.

para referir as ofensas sofridas individualmente: desde a troça, passando pelos comportamentos de exclusão e englobando os comportamentos abusivos de cariz sexual ou físico, desenvolvidos pelo "bully" sobre as suas vítimas[73].

A maioria das definições – não obstante a sua diversidade – coincidem em evidenciar características como a agressão psicológica, recorrente e continuada, cuja finalidade é, para além do isolamento e marginalização, a destruição da reputação da vítima, com maior falta de ética, ou mesmo levá-la a abandonar o seu local de trabalho. Sabemos que a empresa, tal como a sociedade, pode revelar-se como local de tensões entre os indivíduos, tensões essas que se traduzem em conflitos podendo mesmo – em casos limite – conduzir a exclusão ou destruição física (Taylor, 2001).

De facto, desde a década de 1990 que se produziram mudanças profundas no ambiente de trabalho na maior parte dos países ocidentais, com forte impacto nos riscos a que os trabalhadores passaram a estar expostos e, também, com consequências, quer ao nível da satisfação com o ambiente de trabalho, quer ao nível do bem-estar geral do trabalhador (Ashforth, 1997; Tepper, 2002), podendo estas sequelas fazer aumentar os custos organizacionais, sob a forma de absentismo, menor empenhamento e menor produtividade dos recursos humanos (Einarsen e Cooper, 2003).

Além disso, e em termos de organização do trabalho, alguns estudos confirmam que o fenómeno do assédio moral se desenvolveu, em parte, devido à expansão de formas de precariedade laboral – pois, temendo perder o seu emprego, muitos trabalhadores suportam comportamentos indesejados no trabalho que afectam a sua dignidade – e ao enfraquecimento dos vínculos contratuais que, consequentemente, favoreceram o individualismo (neste sentido, Hirigoyen, 1999 e Davezies, 2002).

Ora, é considerando que também no trabalho importa salvaguardar o relevante valor da dignidade humana – juridicamente protegido pelo artigo 3º

[73] Mais ampla é a expressão "harassment" que designa qualquer conduta baseada em factores e atitudes discriminatórias. Similarmente no Reino-Unido o termo "bullying" é utilizado nas situações de assédio moral. De referir ainda que enquanto os espanhóis se socorrem do termo "acoso laboral", os franceses empregam a expressão "harcelement moral"; por seu turno, na Suécia emprega-se o termo "mobbing" (que traduz a ideia de opressão, ataque, agressão) e em Itália utiliza-se a designação "mobbing" – que engloba a destabilização psicológica – a par da expressão "prepotenza".

da Convenção Europeia dos Direitos do Homem, adoptada pelo Conselho da Europa em 1950, ao enunciar que ninguém pode ser sujeito a tratamento desumano ou degradante – que se vêm consagrando, nos diversos ordenamentos jurídicos, mecanismos que visam combater o assédio moral. Configurando o assédio moral uma incontestável ofensa aos direitos de personalidade, trata-se de assegurar em especial – e também no trabalho – a protecção da dignidade humana, reprovando todo o tratamento desumano e degradante que vise destruir, fisicamente ou moralmente, o indivíduo.

13.2. A tutela do assédio moral no Código do Trabalho

Em Portugal, foi em 2003, no Código do Trabalho, que a figura do assédio moral foi, enquanto tal, reconhecida[74]. Influenciado pela legislação comunitária, em particular pela Directiva nº 76/207/CEE, de 9 de Fevereiro de 1976 e pela Directiva nº 2002/73/CE de 23 de Setembro de 2002, o Código do Trabalho trata o assédio moral como uma forma de discriminação no âmbito do direito à igualdade (cfr. ainda o disposto no artigo 23.º do Código do Trabalho). Na subsecção III, intitulada "Igualdade e não discriminação", salientava-se a consagração expressa das consequências emergentes da prática de comportamentos discriminatórios, nomeadamente o ressarcimento de danos não patrimoniais, bem como a proibição do assédio, em particular do assédio sexual. A partir do texto da Directiva do Conselho 2000/43/CE, o legislador português definiu o assédio como um "comportamento indesejado", susceptível de afectar a dignidade do trabalhador ou criar um "ambiente intimidativo, hostil, degradante, humilhante ou desestabilizador".

Deste modo – considerando que o assédio se traduz por uma prática persecutória reiterada contra o trabalhador, levada a efeito em geral pelos respectivos superiores hierárquicos ou pelo empregador, a qual tem por objectivo ou como efeito afectar a dignidade do visado – a consagração desta figura tem em vista, no essencial, um reforço da protecção do trabalhador.

[74] Antes da sua consagração, a situação de assédio era tratada indirectamente na jurisprudência portuguesa sob diversas vertentes, nomeadamente em sede de violação do dever de ocupação efectiva, de violação do dever de respeito, ou de ilicitude do despedimento.

Acresce que, de forma inovadora, em 2003, o Código do Trabalho autonomizou o assédio moral, qualificando-o como um comportamento discriminatório. De facto, a noção consagrada no Código apresentava pontos de contacto com o disposto nos artigos 13º e 59º da Constituição da República Portuguesa – que asseguram o princípio da igualdade e não discriminação – e, para o legislador, o assédio constituía sobretudo "uma forma de discriminação intolerável, seja no acesso ao emprego, seja na execução do contrato de trabalho, sendo em qualquer caso uma prática ilícita" (Romano Martinez, *et al*, 2004).

O conceito de assédio acolhido pelo Código sendo amplo, abrange não apenas as hipóteses em que se vislumbra na esfera jurídica do empregador o objectivo de afectar a dignidade do visado, mas também aquelas em que ocorra o efeito a que se refere a parte final do n.º 2 do artigo 29.º do CT[75]. Isto porque, muito embora as estratégias de assédio sejam múltiplas – isolamento; desocupação e/ou empobrecimento funcional das tarefas; distribuição de trabalho inútil; desautorização; permanentes invectivas ou constante humilhação –, elas têm como objectivo ou como efeito afectar a dignidade do visado ou criar um ambiente intimidativo, hostil, degradante, humilhante ou desestabilizador, levando-o mesmo a querer abandonar o emprego. Além do mais, nos termos previstos no n.º 3 do artigo 29.º do CT constitui assédio sexual o comportamento indesejado de carácter sexual, sob forma verbal, não verbal ou física, com o objectivo ou o efeito referido no número anterior.

A autonomização jurídica do assédio traduz a possibilidade de, mesmo após impugnado, se o despedimento do trabalhador vítima de assédio for considerado lícito, poder o trabalhador, ainda assim, ver reconhecida a situação de assédio e, consequentemente ser indemnizado por esse facto[76].

[75] Por exemplo, como reconhecimento do seu valor individual, em geral os trabalhadores procuram, além da remuneração, um reconhecimento de natureza simbólica, conferido ou pelos superiores hierárquicos e subordinados ou pelos colegas de trabalho. Contudo, a não obtenção do reconhecimento. Ora o assédio moral, enquanto comportamento de destruição, que visa de forma deliberada a descompensação da vítima, ou através de mecanismos como o abuso de autoridade poder e a manipulação, mas por vezes também através da negação sistemática desse reconhecimento simbólico, chegando mesmo a situações vexatórias e humilhantes.

[76] Atente-se no célebre caso jurisprudencial sobre assédio moral, decidido em França em 2004, e que envolveu o director da sucursal francesa da Nikon-Europe em que uma trabalhadora impugnou o seu despedimento, e embora este não tenha sido considerado ilícito, foi provada

De destacar ainda que a tutela do assédio moral não se esgota no disposto no artigo 24º do Código do Trabalho, sendo vários os preceitos que a concretizam de forma complementar, quer no Código do Trabalho (designadamente o disposto no artigo 18º) quer noutros diplomas, nomeadamente na Constituição da República Portuguesa, nomeadamente, no artigo 13.º (Princípio da Igualdade) afirmando que "todos os cidadãos têm a mesma dignidade social e são iguais perante a lei" e no artigo 59.º (Direitos dos trabalhadores) quando refere que "todos os trabalhadores, sem distinção de idade, sexo, raça, cidadania, território de origem, religião, convicções políticas ou ideológicas, têm direito: à organização do trabalho em condições socialmente dignificantes (...)".

13.3. Considerações finais

O conjunto das disposições consagradas, em 2003, à tutela do assédio moral no Código do Trabalho permitiram assegurar uma efectiva tutela dos direitos à dignidade e integridade física e psíquica no trabalho, coarctando comportamentos que configurem pressão junto dos candidatos a emprego ou dos trabalhadores. Com a autonomização do assédio moral na lei portuguesa procurou-se, acima de tudo, tutelar as vítimas de condutas abusivas no trabalho que se manifestem, nomeadamente, por comportamentos, palavras, intimidações, actos, gestos, escritos unilaterais que tenham por objecto ou por efeito atentar contra a sua dignidade ou a integridade física ou psíquica. Mas importa também não ignorar – e porque o assédio traduz um comportamento discriminatório – que a sua consagração na ordem jurídica laboral representa um contributo indispensável para influenciar mentalidades e promover a igualdade de oportunidades, no contexto de uma gestão ética e moderna.

a situação de assédio moral, tendo a empresa sido condenada por assédio a indemnizar em 15 mil euros a trabalhadora. Resumo da caso: traumatizada pelo insulto (onde a palavra "idiota" era usual) e as humilhações frequentes infligidas pelo seu director, a trabalhadora contraiu uma depressão nervosa de tal forma profunda que o médico do trabalho considerou o seu estado incompatível com uma retoma de actividade. A empresa despediu-a. Inconformada, a trabalhadora, apoiada nos depoimentos de três médicos e nos testemunhos escritos de antigos trabalhadores da Nikon, conseguiu reunir prova suficiente para demonstrar ter sido vítima de assédio moral.

Referências

Ashforth, B. (1997). "Petty tyranny in organizations: A preliminary examination of antecedents and consequences".In *Canadian Journal of Administrative Sciences*, n.º 14, 126--140.

Carroll M. Brodsky (1976), *The Harassed Worker*, D. C. Heath, Lexington MA.

Davezies, P. (2002), "La santé au travail. Bilans et défis". In *Préventique et sécurité*, vol. n.º 61, 8-30.

Einarsen, S., *et al.* (2003), *Bullying and Emotional Abuse in the Workplace: International Perspectives in Research and Practice*.Londres, Taylor & Francis.

Hirigoyen, M. F. (1999), *Assédio, Coacção e Violência no Quotidiano*. Lisboa, Editora Pergaminho.

Hirigoyen, M. F. (2001), *Malaise dans le travail, harcèlement moral: dêmêteur le vrai du faux*. Paris, Syros.

Lutgen-Sandvik, P., *et al* (2007), "Burned by Bullying in the American Workplace: Prevalence, Perception, Degree and Impact". In *Journal of Management Studies*, vol. 44, nº 6, Blackwell Publishing: 837-862.

Monteiro Fernandes, A. (2004), *Direito do Trabalho*. Coimbra, Almedina.

Rebelo, G. (1999), *A Inadaptação no Trabalho – Uma Perspectiva Sócio-organizacional e Jurídica*. Oeiras: Celta.

Rebelo, G. (2003), *Emprego e Contratação Laboral em Portugal – Uma Análise Socioeconómica e Jurídica*. Lisboa, EditoraRH.

Rebelo, G. (2006), "Alternativas à precariedade laboral: propostas para uma flexibilidade tendencialmente qualificante". *Sociologia* XVI: 191-201 (disponível em http://ler.letras.up.pt/uploads/ficheiros/4627.pdf.

Rebelo, G. (2007), "Assédio Moral e Dignidade no Trabalho". *Prontuário de Direito do Trabalho*, Centro de Estudos Judiciários 76/77/78: 105-119.

Romano Martinez, P., *et al.* (2004), *Código do Trabalho Anotado*. Coimbra, Almedina.

Tepper, B. J (2002), "Abusive Supervision and Subordinates' Organizational Citizenship Behavior". *Journal of Applied Psychology*, vol. 87, n.º 6: 1068-1076.

14. PME E *ECONOMIC INTELLIGENCE*: PLANEAR O FUTURO, DOMINAR A COMPLEXIDADE[77]

14.1. A importância da *Economic Intelligence* para as PME

No actual mundo global avaliar oportunidades de negócio e avaliar riscos, assume significativa importância para a actividade da generalidade das empresas.

Mas esta dupla avaliação torna-se especialmente decisiva para as Pequenas e Médias Empresas (PME), que se confrontam com problemas maiores na afirmação da sua vocação exportadora e passam por grandes dificuldades quando procuram vender os seus produtos no exterior.

De facto – e como o confirma o estudo *2007 Global Growth Markets Guide*, divulgado em 2007 pela Grant Thornton – a elevada instabilidade exportadora das PME é, senão a principal, uma das principais razões para o insucesso destas empresas. Sem estratégia, ou seguindo uma estratégia deficiente, incapazes de planear o seu futuro e o "saber vender" no complexo mercado global, muitos destes empresários, resignados, tendem a adoptar uma posição acomodada ao mercado local, sem desenvolver a ambição de fazer crescer a sua empresa pelo mundo. Daí que exista a percepção de que – num ambiente económico particularmente exigente – é necessário operar uma mudança de concepção empresarial junto das PME. Desde logo, porque se entende que

[77] Texto revisto e adaptado de artigo publicado na revista *Dirigir* n.º 101, Jan. /Mar. 2008: 33-37.

é preciso perceber que são as PME estratégicas e inovadoras aquelas que, tendencialmente, mais contribuem para a dinâmica – em termos de rendibilidade e actividade – do investimento e do emprego. Depois, porque se torna necessário desenvolver a *Economic Intelligence.* De origem anglo-saxónica, este conceito encontra-se ainda comummente associado à actividade das empresas internacionais de grande dimensão. Contudo, ao designar a obtenção (ou a protecção) de informação estratégica útil para todos os decisores económicos, a *Economic Intelligence* é igualmente importante para as PME.

Fundamentais para a criação de emprego e para o aumento do volume das exportações, estas empresas devem também – à semelhança do que já acontece com as de maior dimensão – dotar-se de todas as estruturas capazes de responder ao desafio da globalização da economia e às evoluções das práticas financeiras e comerciais. Além do mais, e uma vez que a procura de informação permite às empresas obter vantagens face aos seus concorrentes, as PME só serão competitivas se estiverem informadas.

Assim, é preciso dotá-las de recursos humanos qualificados, passo importante na criação de dispositivos de *Economic Intelligence.* Por exemplo, o propósito de recrutar estudantes universitários que desejem desenvolver as suas competências junto das PME (*vide* técnicos de *webmaster* para desenvolver actividades de e-commerce) ou mesmo doutorados que garantam *expertise* de "concepção e de acção" destinados aos decisores empresariais, que lhes permitam melhorar o desempenho em contexto de competição mundial é hoje, e cada vez mais, imprescindível ao sucesso das PME.

14.2. A centralidade das PME na economia portuguesa

As grandes empresas dominam a noção de *Economic Intelligence* e, cientes da dimensão estratégica da informação e da necessidade de se dotarem de instrumentos eficientes de protecção e/ou de obtenção de informação, já exploram o conceito há alguns anos. Ao contrário, a generalidade das PME até hoje afastadas do conceito devem começar a compreender que, para sua sobrevivência, devem ter informação eficaz sobre o ambiente circundante. E se, por razões financeiras, a hipótese de contratar um especialista em *Economic Intelligence* a tempo completo está fora das suas possibilidades, é preciso não negligenciar a ideia de, tirando partido da formação contínua, convidar colaboradores internos (quadros ou dirigentes de empresa) a retornar às universidades para complementar os seus conhecimentos nesta área[78].

Sendo as PME uma componente fundamental da economia portuguesa – e uma fonte essencial de crescimento, de emprego, de empreendedorismo, de inovação e de coesão económica e social – a par de uma maior disponibilização de fundos para o seu financiamento e da afirmação de sistema de incentivos fiscais que facilite o investimento e o reforço de capitais próprios destas empresas, urge sensibilizar para uma mudança de concepção empresarial[79], que passe pela aproximação das empresas às universidades, fundamental para a competitividade do nosso país.

14.3. Considerações finais

Em Portugal, no âmbito da pandemia Covid-19, cabe avaliar as repercussões no emprego, por sector económico, uma vez que há sectores mais atingidos do que outros, e estima-se uma forte destruição de emprego por causa do impacto desta pandemia.

Deste modo, cabe pensar a re-industrialização do país e a viragem necessária a uma nova estratégia de desenvolvimento. Como já anteriormente defendemos, o sector industrial é crucial para a economia e continua a ser o motor do crescimento e do emprego. Importa, por isso, ajudar a reverter a desindustrialização, presente na economia portuguesa, que se deve, quer à deslocalização do trabalho para países com menores custos salariais quer à expansão do sector dos serviços em proporção cada vez maior na economia (Rebelo 2020). Neste sentido, toda e qualquer iniciativa que procure corrigir assimetrias será importante. É preciso realçar que o desemprego volta a ser

[78] Por exemplo, nos EUA a missão de *Economic Intelligence* incumbe, em geral, ao Director de *Business Development*, que normalmente é o depositário da memória e da cultura da empresa.

[79] Aliás esta necessidade de desenvolver nas PME uma componente profissional ligada à investigação é já muito sentida pelas empresas e está bem perceptível no *The 2005 EU Survey on R&D Investment Business Trends in 10 Sectors*, um inquérito divulgado pela Comissão Europeia em 2006. Este inquérito rmostra que a Alemanha, o Reino Unido, a França e os EUA são os países que mais revelavam intenção de investir em I&D, seguidas da China e da Índia. Em relação às principais razões para a escolha da localização do investimento em I&D, as empresas referem o fácil acesso ao mercado, a disponibilidade de investigadores, a estabilidade política e macroeconómica e as possibilidades de cooperação em I&D (European Commission, 2006).

o maior problema social do país. Em geral, existem algumas circunstâncias explicativas que revelam as enormes vulnerabilidades do mercado de trabalho português e, entre outras, uma prende-se com a persistente precariedade do mercado associada quer a um conjunto de percursos instáveis que afectam uma porção considerável da população empregada por conta de outrem e também à população que exerce uma actividade independente, quer à fraca robustez do tecido empresarial nacional, dada a alta taxa de mortalidade das PME, maioritariamente responsáveis pela criação de emprego em Portugal.

Quanto à valorização dos recursos humanos, importará referir que a vertente de valorização do conhecimento, da ciência, da tecnologia e da inovação deve conferir especial protagonismo ao capital humano e ao desenvolvimento da inovação. De facto, e uma vez que o conceito de empregabilidade está em constante evolução, e as empresas exigem hoje dos indivíduos um conjunto de competências digitais (Rebelo, 2020:58-63).

Ou seja, as PME devem ser mais *performantes* em investigação no que concerne a práticas financeiras e comerciais, preocupando-se em "produzir" conhecimento que sirva fins económicos e estratégicos de uma organização (*Economic Intelligence*). Para se protegerem as PME devem definir, considerando a evolução das práticas financeiras e comerciais, regras de segurança a adoptar face à concorrência, como por exemplo, não trabalhar em documentos da empresa em local público; defender-se face a intrusões informáticas, ou instalando código de segurança ou sistemas de encriptagem nos computadores; ou ainda patentear as inovações.

Esta é a melhor forma de responder à incerteza e pressão dos mercados pelo que mesmo conhecedores dos seus custos, os dirigentes das PME parecem estar cada vez mais sensibilizados para a necessidade de recorrer à *Economic Intelligence*. De facto, se apostar neste instrumento chave de gestão pode ser dispendioso, importa encará-lo como um investimento, sendo que neste domínio o retorno é imediato.

Referências

European Commission (2006), *The 2005 EU Survey on R&D Investment Business Trends in 10 Sectors.* Brussels, The Joint Research Centre and Research Directorates-General of the European Commission.

Grant Thornton *(2007), Global growth markets guide.* Grant Thornton International.

Moynihan, M. (1993), *The Economist Intelligence Unit Global Manager: Recruiting, Developing, and Keeping World Class Executives (Economist Intelligence Unit).* Londres, Mcgraw-Hill.

Rebelo, G. (2003), *Emprego e Contratação Laboral em Portugal – Uma Análise Socioeconómica e juridical.* Lisboa, EditoraRH.

Rebelo, G. (2018), "Digitalização e Trabalho: Os Desafios da Indústria 4.0." *O Economista 2018 – Anuário da Economia Portuguesa*, Ordem dos Economistas: 70-74.

Rebelo, G. (2020), "Emprego em Portugal: Que Estratégia Pós-Covid-19?" *Cadernos de Economia* n.º 133, Out./Dez., Ordem dos Economistas: 58-63

Tena Millán, J. e Comai, A. (2005), *Inteligencia Competitiva y Vigilancia Tecnológica.* Madrid, Piramide Ediciones.

15. FORMAR EM *BUSINESS INTELLIGENCE*[80]

15.1. Inovação e os desafios da sociedade da informação

Estabelecer nas empresas europeias elevados padrões de saber que respondam aos desafios da sociedade da informação e que, paralelamente, colmatem quer uma fraca capacidade para a inovação empresarial quer a falta de competências em diversas áreas cientificas torna-se, em tempos de globalização, assaz premente.

E esta urgência verifica-se especialmente em Portugal. No *European Innovation Scoreboard* (EIS) 2020, com dados relativos a 2019, Portugal surge no grupo dos países classificados como inovadores fortes, tendo subido uma posição no conjunto dos países da UE27, ocupando a 12ª posição do ranking mas ainda longe de países como a Suécia, Finlândia ou Dinamarca. O EIS 2020 avalia os desempenhos dos Estados-Membros da UE em áreas específicas de Inovação como Recursos Humanos, atractividade dos sistemas de investigação; inovação em PME; colaboração e articulação em Inovação, entre outras. O EIS 2020 revela ainda que, entre 2012 e 2019, a União Europeia aumentou em 8,9 pontos percentuais a sua performance em Inovação.Ou seja, Portugal está ainda distanciado dos países nórdicos ou da Alemanha, sendo que deve sobretudo reforçar os indicadores relativos à educação e à aprendizagem ao longo da vida (na linha dos países nórdicos).

[80] Texto revisto e adaptado de texto publicado na revista *Formar* n.º 63, Abr./Jun. 2008: 23-25.

Assim, é precisamente no sistema de educação e de formação que é preciso reforçar a capacidade para inovar. As empresas portuguesas enfrentam actualmente uma concorrência cada vez mais intensa nos mercados internacionais (veja-se, por exemplo, o crescimento exponencial dos sectores da indústria e da investigação de países como a China ou a Índia), pelo que o investimento em I&D será a única forma de assegurar a competitividade empresarial[81].

Ora, parece imprescindível convidar os trabalhadores mais qualificados (licenciados e pós-graduados) a protagonizar o papel de agentes de inovação no domínio empresarial, permitindo às empresas ser mais *performantes* na competição mundial. No mundo empresarial, dominar o conhecimento e gerir informação – designadamente avaliando os riscos económicos, financeiros ou jurídicos – assume importância crescente. De facto, é hoje reconhecido que o maior ou menor sucesso das empresas depende, cada vez mais, de uma avaliação multidimensional dos riscos, indispensável não só para enfrentar a difícil concorrência, como também para investir de forma sustentada.

Repare-se, por exemplo, que se a maioria das empresas com vocação internacional enfrenta significativas dificuldades em vender os seus produtos ou serviços no exterior, o problema não parece residir na falta de iniciativa ou ambição destas empresas, mas sim na deficiente (ou mesmo ausente) gestão do conhecimento e da informação acerca do ambiente económico – local, nacional ou global – e das evoluções das práticas financeiras e comerciais dos países de exportação.

[81] Aliás, segundo o inquérito "The 2005 EU Survey on R&D Investment Business Trends in 10 Sectors", divulgado pela Comissão Europeia em 2006, para responder com maior eficácia aos reptos da concorrência mundial as empresas europeias manifestam vontade aumentar o seu investimento médio em I&D. Este *survey* – que interpelou empresas pertencentes a 10 sectores de actividade – revelou ainda que os empresários alemães, ingleses e franceses se destacam como aqueles que mais apostam no investimento em I&D e, fora da Europa, os empresários norte-americanos, chineses e indianos. Mais tarde "The 2010 EU Survey on R&D Investment Business Trends", veio apresentar as conclusões da investigação sobre as tendências de investimentos em I&D empresarial, baseando-se em 205 respostas das maiores 1000 empresas sediadas na EU. Estas 205 empresas eram responsáveis por investimentos em I&D no valor de quase 40 mil milhões de euros, constituindo cerca de 30% do investimento total em I&D pelas 1000 empresas do painel de avaliação da UE. O principal resultado foi que as principais empresas que investiam em I&D na UE tinham a expectativa de que os seus investimentos globais em I&D crescessem 5% ao ano, de 2011 a 2013.

Acresce que muitas empresas – sobretudo as PME – sem as *skills* necessárias para "saber vender no estrangeiro", acomodam-se ao mercado local ou nacional, limitando o seu processo de internacionalização.

15.2. Formar em *Business Intelligence*

Por tudo isto, na actual Sociedade de Informação, a actividade de obtenção e tratamento de informação – que permita às empresas ganhar vantagem face aos seus concorrentes – torna-se, progressivamente, um relevante elemento diferenciador na gestão empresarial.

Daí que seja cada vez mais fulcral que as empresas se dotem de Recursos Humanos especializados na gestão do conhecimento e da informação fortalecendo, concomitantemente, os processos de inovação.

Neste aspecto, exige-se uma mudança de concepção da vida empresarial: as empresas não podem manter-se apartadas de novas potencialidades, sendo vital fazer emergir uma cultura de *economic intelligence*. Perante os inúmeros desafios comerciais da actualidade, as empresas devem, pois, recrutar *expertise* nas áreas da finança internacional, da ciência política e da sociologia e economia, bem como em áreas relacionadas com diversas competências de natureza comportamental (Rebelo, 2008), especialmente indivíduos dotados de formação doutoral, hoje reconhecida como uma experiência profissional de investigação[82].

Encarado como um verdadeiro direito do trabalhador, o direito individual à formação – alicerçado no conceito de aprendizagem ao longo da vida, ou seja, de aprendizagem empreendida numa base contínua com o objectivo de melhorar conhecimentos e competências durante a trajectória de vida de cada indivíduo – coloca um conjunto de desafios de ordem prática à sociedade e aos "agentes integrados no sistema" (Estado, empregadores, sindicatos, e entidades formadoras) que passa pelo fortalecimento da relação escola/sociedade, no qual também se inclui a relação escola/empresa (Rebelo, 2006b; Rebelo, 2020).

[82] Veja-se a lei para a investigação francesa, de 18 Abril de 2006, que procurando alargar o conceito de formação oficializou a existência de escolas doutorais, ligadas aos estabelecimentos de ensino superior, e que têm por objectivo garantir uma formação de muito alto nível útil às empresas.

De facto, a estrutura interna das actuais organizações encontra-se adaptada a uma lógica de negócio fortemente baseada no recurso a Tecnologias de Informação e Comunicação e na concorrência e, como tal, também uma formação associada à satisfação de necessidades muito concretas da empresa, de que é exemplo a formação em *Business Intelligence*. A *Business Intelligence*, enquanto conceito, surgiu na década de 1980 e salienta as virtudes para as empresas do acesso a dados e à exploração da informação, normalmente contida num Data Warehouse/Data Mart que permita aos decisores empresariais robustecer a sua tomada de decisão.

Em geral as empresas necessitam avaliar o ambiente socioeconómico através de um processo de recolha de informação, completando essa informação com *research* em diversas áreas específicas, entre outras, em marketing ou análise de mercado, além de análises competitivas. A organização torna-se mais competitiva à medida que acumula *intelligence*, (isto é conhecimento e informação) dado que esta se torna uma clara vantagem competitiva.

Por exemplo, ao facultar informação de análise e de *reporting* – assente no recurso a uma ampla fonte de dados – a *Business Intelligence* possibilita: oferecer uma análise mais ampla aos utilizadores (a todos os níveis e relativa às diferentes necessidades destes); satisfazer a procura crescente de utilizadores em matéria de aplicações em serviços, assegurando a integridade e os controlos internos das fontes informáticas; ou reduzir os custos, integrando a solução na infra-estrutura informática existente. Tudo em benefício de uma criação de valor para as empresas.

Novas exigências empresariais e formação em *Business Intelligence*

Gerais	Específicas
Definir necessidades, em termos de conhecimento e informação, da empresa e apostar na actividade de recolha de informação em fontes disponíveis e não negligenciar a informação obtida de forma "informal".	Recrutar especialistas e envolver estes ou os colaboradores em trabalho de *Business Intelligence.*
Tratar a informação obtida – elencando e priorizando – e proteger *know-how* fundamental da empresa.	Compreender como optimizar o investimento na *Business Intelligence*, implementando um sistema de gestão das performances da empresa.
Gerir informação junto dos decisores empresariais e outros agentes e avaliar o seu impacto.	Oferecer às diversas unidades orgânicas da empresa (de vendas, de marketing, de serviço-cliente, da cadeia logística, e de recursos humanos) uma visibilidade em tempo real.

15.3. Considerações finais

O desenvolvimento de uma "economia do conhecimento" moderna reflecte, como é sabido, a grande transição de uma economia baseada na terra, no trabalho e no capital para uma economia em que os principais componentes de produção são o conhecimento e a informação. Neste âmbito, caberá delinear o acesso à formação numa perspectiva integrada que associe as necessidades de competências a adquirir (por sector económico ou empresa) à aprendizagem ao longo da vida. Em particular, importa pensar a "formação para adultos", concebendo e implementando requalificação laboral, quer ao nível da educação, quer da formação profissional e da aprendizagem ao longo da vida. Também aqui a missão de desenvolver competências dos trabalhadores seniores será um propósito relevante no âmbito da Presidência portuguesa da UE no primeiro semestre de 2021, observando a centralidade do pilar dos direitos sociais (Rebelo, 2020: 58-63). E – uma vez que o capital humano é, cada vez mais, um factor chave para direccionar o crescimento económico de um país e a formação é evolutiva, devendo responder às necessidades crescentes de adaptabilidade exigidas pelas empresas – importa não ignorar que o desenvolvimento da sociedade e da economia se afirmará através de novo paradigma socioeconómico que promova a formação em gestão do conhecimento e da informação, de que as soluções de *Business Intelligence* são um claro exemplo.

Referências

European Commission (2006), *The 2005 EU survey on R&D Investment Business Trends in 10 Sectors.* Cordis n.º 26219, Bruxelas.

European Commission (2008), *European Innovation Scoreboard 2007 – Comparative Analysis Of Innovation Performance.* Bruxelas, The Maastricht Economic and social Research and training centre on Innovation and Technology..

European Commission (2010), *The 2010 EU Survey on R&D Investment Business Trends,* Bruxelas. https://ec.europa.eu/jrc/en/publication/eur-scientific-and-technical-research-reports/2010-eu-survey-rd-investment-business-trends

Rebelo, G. (2003), *Emprego e Contratação Laboral em Portugal – Uma Análise Socioeconómica e Jurídica.* Lisboa, EditoraRH.

Rebelo, G. (2006a), "Formar para o Emprego". *Jornal de Negócios,* de 2 de Maio.

Rebelo, G. (2006b),"Educação, formação e emprego: por uma cultura de inovação". *Sociedade e Trabalho,* n.º 29 : 55-65.

Rebelo, G. (2008), "Desenvolvimento sustentado das PME e Economic Intelligence". *Cadernos de Economia* n.º 82, Ordem dos Economistas: 48-53.

Rebelo, G. (2020), "Emprego em Portugal: Que Estratégia Pós-Covid-19?" *Cadernos de Economia* n.º 133, Out./Dez., Ordem dos Economistas: 58-63.

16. PME: QUE DESAFIOS?[83]

16.1. Desenvolvimento das PME – um modelo assente num modelo de *core business*

Fundamentais para o aumento das exportações e o incremento da competitividade nacional mas também para a criação de emprego, é sabido que as PME enfrentam, hodiernamente, grandes desafios. A verdade é que vivemos na era da globalização e este facto implica considerar uma profunda mudança de mentalidades. Se no passado se confiava no imediato, no conhecido e no material, com a globalização, acontece o inverso: a evolução e a incerteza dos mercados, a concorrência e, nomeadamente, as recentes mutações económicas, tecnológicas e sociais constituem factores envolventes de acrescida exigência para as organizações. Em consequência, nos sectores privado e público da economia surgem, de forma constante, novos e maiores desafios às empresas.

De facto, desde a década de 1970 que o desenvolvimento das PME tem vindo a dar-se, passando de um modelo assente em actividades diversificadas para um modelo centrado num *core business*. E se esta mudança pôde conduzir a consideráveis aumentos de rendibilidades, trouxe (e traz) também riscos acrescidos, nomeadamente em períodos baixo ciclo. É assim que a disponibilização de fundos para o financiamento das PME, a par de um sistema

[83] Texto revisto e adaptado de artigo publicado sob o título "PME: novos e maiores desafios", na revista *Dirigir* n.º 101, Jan. /Mar. 2008: 33-37.

de incentivos fiscais que facilite o investimento e o reforço do nível dos seus capitais próprios tem vindo a assumir especial relevância no âmbito da concepção de políticas para estas empresas.

Por exemplo, em Portugal, tidas como "a espinha dorsal" da economia portuguesa em termos de criação de emprego e de investimento, tem-se entendido que as PME podem contribuir para a diminuição das assimetrias socioeconómicas subsistentes no país. De facto – e sendo em grande parte resultado da ausência de implementação de uma política regional integrada, onde se estabeleçam medidas de atractividade específicas ou transversais aos territórios e aos diversos sectores de actividade económica que, a um tempo, articulem os propósitos de crescimento económico com os de coesão social – no nosso país urge superar os subsistentes desequilíbrios socioeconómicos e regionais.

16.2. A importância das PME para a economia europeia

Neste sentido, toda e qualquer iniciativa que procure corrigir estas assimetrias salientando a importância das PME – designadamente as medidas de aumento dos benefícios fiscais para as empresas já instaladas e para as empresas a criar no interior do país, inserida no âmbito da revisão do actual quadro de benefícios fiscais das PME – será importante não só para encorajar os empresários a investir no interior do país, mas também para ajudar a combater a deslocalização de empresas que se tem verificado do interior para outras regiões, ou mesmo para fora do país. É que, inserida num amplo leque de políticas especificamente desenvolvidas para as PME, estas medidas, além de incentivar à fixação de empresas e ao investimento, atenuam também desvantagens comparativas entre regiões.

E aqui convêm não ignorar a acção fundamental de dois institutos públicos em prol da dinâmica das PME: a Agência para a Competitividade e Inovação (IAPMEI) e o Instituto de Turismo de Portugal (ITP). O IAPMEI tem vindo a lançar, desde 2006, diversos programas especificamente dirigidos às PME, com resultados já visíveis. Entre outros, são de destacar: o programa InovJovem, dirigido à inovação nas PME, em particular o projecto INOV/PME; o programa Finicia, vocacionado para as PME inovadoras facilitando a estas o acesso ao financiamento; ou o programa Fincresce que procura facilitar o acesso das PME ao financiamento bancário, em particular mobilizando financiamento a empresas. Por seu turno, o ITP, através da implementação do Sistema de Incentivos às Pequenas Iniciativas Empresariais (SIPIE), do Sistema de Incentivos à Modernização Empresarial-Desenvolvimento Internacional (SIME Internacional) e do Sistema de Incentivos à Economia Digital (SIED), veio dinamizar a participação das PME na economia digital procurando que, assim, reforcem as suas capacidades técnicas, se modernizem nos domínios tecnológico, dos processos de trabalho e dos recursos humanos, e estimulem a sua transição para uma fase de presença interactiva na economia digital, potenciando o seu alargamento e estimulando as exportações.

Finalmente é preciso realçar que, para que o sucesso das PME seja uma realidade em Portugal, torna-se fulcral não ignorar o seu papel fundamental na criação de emprego.

O desemprego permanece o maior problema social do país. Em geral, os dados do desemprego não são, decididamente, fáceis de interpretar, mas a verdade é que existem algumas circunstâncias explicativas que revelam as enormes vulnerabilidades do mercado de trabalho português. Entre outras, uma prende-se com a persistente precariedade do mercado, associada quer a um conjunto de percursos instáveis que afectam uma porção considerável da população empregada por conta de outrem e também a população que exerce uma actividade independente, quer à fraca robustez do tecido empresarial nacional, dada a alta taxa de mortalidade das PME, maioritariamente responsáveis pela criação de emprego em Portugal. Uma outra circunstância relaciona-se com a incipiente aposta em inovação/investigação das nossas PME. Num país com níveis muito baixos de escolaridade assiste-se, paradoxalmente, a um aumento crescente de desemprego junto dos trabalhadores mais qualificados, fenómeno que patenteia – em prol da salvaguarda da competitividade e do emprego – a urgência em estimular processos de inovação junto das PME portuguesas.

16.3. Considerações finais

Daí que, em nome de uma maior robustez de investimento no país e na Europa, caiba realçar, dada a especificidade das PME, a importância da sua modernização no domínio tecnológico, dos processos de trabalho e dos recursos humanos revendo, paralelamente, formas de financiamento e sistemas de incentivos fiscais que facilitem o reforço dos seus capitais próprios. Considerando que é preciso, por um lado, assegurar a transferência do conhecimento das universidades para as empresas e, por outro, reduzir a burocracia das PME, importa propor diversas iniciativas que procurem facilitar a vida a estas empresas, designadamente, que congregue as universidades e as empresas europeias através do acompanhamento do trabalho da rede de comunidades de inovação e conhecimento e de medidas de apoio às PME para tornar a sua experiência mais fácil e a sua contribuição mais eficiente para a economia europeia.

Importa apelar a uma mudança de mentalidades que passe quer por uma cultura mais empreendedora e assente na cooperação entre empresas e pela transferência de tecnologia das universidades para as empresas quer por uma maior disponibilidade de instrumentos financeiros adequados às PME, dada a importância fulcral destas empresas na construção de um desenvolvimento económico sustentável, em particular na criação de emprego.

A promoção de factores favoráveis ao investimento passa ainda pelo apoio à criação estratégica de condições que favoreçam a economia e o ambiente, permitindo criar emprego qualificado.

Também no que respeita à política industrial para a era da globalização, prossegue o objectivo de melhorar o ambiente empresarial, especialmente para as PME, e para apoiar o desenvolvimento de uma base industrial robusta e sustentável e, especialmente, ao nível do mercado de trabalho, os objectivos de aumentar a participação no mercado de trabalho e estabelecer maior ajustamento entre a oferta e a procura (Rebelo, 2020).

Referências

Eurostat (2007), *Euro-indicators*, 149/2007, October 2007.

IAPMEI/European Commission (2007), *Summary Discussion – Forum Financing Innovation*, Portugal 2007, Presidency of the Council of the European Union.

Rebelo, G. (2018), "Digitalização e Trabalho: Os Desafios da Indústria 4.0." *O Economista* 2018 – *Anuário da Economia Portuguesa*, Ordem dos Economistas: 70-74.

Rebelo, G. (2020), "Emprego e Ambiente: Os Desafios da Década". *Cadernos de Economia* n.º 130, Jan./Mar., Ordem dos Economistas: 11-13.

17. SOCIEDADE DA INFORMAÇÃO, INOVAÇÃO E POLÍTICAS PÚBLICAS[84]

17.1. A Sociedade da Informação e a valorização dos recursos humanos

Procurando implementar em Portugal uma política de desenvolvimento estratégico assente na procura de equilíbrio socioeconómico e territorial, o Quadro de Referência Estratégico Nacional (QREN) apresentou-se como um novo arquétipo das políticas públicas, capaz de induzir novas dinâmicas na sociedade portuguesa. No seu eixo central assumem especial protagonismo a valorização do conhecimento, da ciência, da tecnologia e da inovação, assim como o desenvolvimento sustentado da economia e a atractividade dos territórios articulada com os objectivos de coesão social e de sustentabilidade.

Na vertente do "Conhecimento, Ciência, Tecnologia e Inovação", procurava valorizar a qualificação dos recursos humanos e do desenvolvimento das capacidades de inovação; na vertente "Desenvolvimento da economia", aumentar a competitividade nacional através da consolidação de "clusters de conhecimento" e reforçar a capacidade criativa e técnica de sectores e de empresas; na vertente "Atractividade dos territórios", promover a atractividade dos territórios, revitalizando uma política de desenvolvimento regional, nomeadamente no que se refere às cidades; e na vertente "Coesão social e

[84] Texto revisto e adaptado de artigo publicado sob o título "O Quadro de Referência Estratégico Nacional (QREN): um novo arquétipo das políticas públicas", na revista *Dirigir* n.º 100, Out./Dez.2007: 28-32.

sustentabilidade", prevenir o aumento de focos de pobreza, privilegiando programas estruturantes de sustentabilidade.

Considerado um instrumento decisivo para a etapa de aproximação de Portugal aos níveis médios de desenvolvimento e de riqueza da UE, a assinatura do QREN 2007-2013 entre o Governo português e a Comissão Europeia culminou um processo gradual de negociação política e técnica que decorreu entre as autoridades portuguesas e europeias. De facto, e representando uma ampla mobilização de recursos – permitindo transferir para Portugal cerca de 21,5 mil milhões de euros em fundos comunitários, passando quer pelo Fundo Europeu de Desenvolvimento Regional (FEDER) com o objectivo de promover o desenvolvimento económico e social sustentável das regiões, fomentando a inovação e a sociedade da informação, quer pelo Fundo Social Europeu (FSE), destinado à qualificação de recursos humanos – globalmente, o QREN previa uma afectação de investimento total no montante superior a 40 mil milhões de euros na economia portuguesa, uma vez que aos fundos comunitários juntavam-se cerca de 20 mil milhões de euros de investimento público e privado português[85].

Neste QREN a vertente de valorização da qualificação dos recursos humanos – em especial do conhecimento, da ciência, da tecnologia e da inovação – constituiu uma prioridade. E, na linha do proclamado em 2000, na Cimeira Europeia de Estocolmo – onde, a partir de um diagnóstico transversal à economia europeia, se constatou uma crescente falta de competências e de fracos progressos no desenvolvimento da inovação e se afirmou a necessidade de estabelecer na União Europeia elevados padrões de competência que respondam aos desafios da sociedade da informação –, o QREN conferiu especial protagonismo ao capital humano, valorizando a qualificação dos recursos humanos e o desenvolvimento das capacidades de inovação.

[85] De referir que o modelo de governação do QREN – Decreto-Lei nº 312/2007, de 17 de Setembro – propunha que a sua governação e os seus Programas Operacionais fossem exercidos a dois níveis: ao nível governamental e ao nível técnico. Ao nível governamental, através da coordenação ministerial e da direcção política, que compreende, entre outras competências, a coordenação global do QREN e dos Programas Operacionais e o estabelecimento de orientações relativas à monitorização estratégica, operacional e financeira. Ao nível técnico, através da coordenação e monitorização estratégica, da coordenação e monitorização operacional e financeira, da auditoria e controlo, da certificação, da gestão, do aconselhamento estratégico, do acompanhamento e da avaliação.

De facto, e uma vez que o conceito de empregabilidade está em constante evolução, é preciso que se entenda que as empresas exigem hoje dos indivíduos, além de uma determinada formação académica, diversos tipos de competências.

A este nível, merecem referência as articulações do QREN com o Programa "Novas Oportunidades" e com o "Plano Tecnológico da Educação". O Programa "Novas Oportunidades" – destinado a qualificar um milhão de adultos inseridos no mercado de trabalho sem terem concluído o 9º ou 12º ano – dirigia-se, sobretudo, à preocupação em alargar o leque dos cursos profissionalizantes e tecnológicos no ensino secundário, através da celebração de acordos com empresas e associações para formação profissional. Mas, para além do alargamento da oferta de cursos de educação e formação de adultos nas escolas secundárias, este programa estabelecia igualmente o reforço do mecanismo de reconhecimento das competências adquiridas por parte dos trabalhadores ao longo da vida, designadamente através da sua experiência laboral. E, neste sentido, o Programa "Novas Oportunidades", desenvolvido conjuntamente pelo Ministério da Educação e pelo Ministério do Trabalho, previa que mais de 650 mil pessoas obtenham uma certificação de competências. Já o "Plano Tecnológico da Educação" pretendia implementar uma modernização tecnológica das escolas dos 2º e 3º ciclos do ensino básico e secundário. Realce-se que este Plano estendia-se pelos eixos de actuação "tecnologia, conteúdos e formação" e tinha como principais objectivos – a par de uma proposta de "escola Simplex" que procurava aumentar a eficiência da gestão e comunicação entre os agentes da comunidade educativa, bem como generalizar a utilização de sistemas electrónicos de gestão de processos e de documentação – "atingir o rácio de dois alunos por computador com ligação à Internet" e garantir, entre outros, a existência em todas as escolas do acesso à Internet de banda larga.

17.2. "Clusters do conhecimento" e desenvolvimento económico sustentado

Noutro plano, e no que se refere ao propósito de desenvolver de forma sustentada a economia e de promover a atractividade dos territórios, o QREN procurava revitalizar a política de desenvolvimento regional, associando-a às áreas de actividade científica e tecnológica e/ou de política industrial[86]. Encarando a política de desenvolvimento regional como um instrumento indispensável para reforçar a coesão territorial e aumentar a competitividade nacional, no âmbito do QREN considerava-se decisiva a aposta no desenvolvimento regional que assenta na consolidação de "clusters de conhecimento" que permitam às empresas (e sectores) ter maior sucesso a partir do desenvolvimento da sua capacidade criativa e técnica. Serão certamente mais competitivas as empresas que, simultaneamente, saibam subtrair-se à concorrência internacional, encontrando nichos de mercado, que melhor controlem as tendências do mercado e que mais valorizarem a diferença ou, ainda, que invistam – a par da criatividade e da técnica – no *marketing* e na qualidade.

E, do amplo leque de sectores indutores de desenvolvimento económico nacional e regional, é de realçar o do turismo. Em Portugal a aposta no turismo apresenta-se, inquestionavelmente, válida a diversos níveis pois não só é um dos sectores mais importantes da economia portuguesa, mas também pelo seu relevante efeito multiplicador noutros sectores de actividade. Apesar da concorrência internacional, e da emergência de novos destinos que têm afastado os turistas dos mercados tradicionais, o sector do turismo em Portugal tem conseguido manter uma razoável participação a nível mundial, o que reflecte uma dinâmica fundamental para o crescimento económico e para a criação de emprego no nosso país.

Um primeiro desafio prende-se com a concorrência internacional. É neste contexto que o turismo nacional – assim como o europeu – enfrenta desafios importantes. Realço aqui, pelo menos, três. Um primeiro desafio prende-se com a concorrência internacional. Além dos principais destinos turísticos, os denominados "países emergentes" asiáticos e africanos, procuram também afirmar-se como fortes destinos turísticos mundiais. E quanto a este primeiro desafio, será determinante que, tirando proveito dos recursos naturais e dos recursos humanos, o turismo português mostre capacidade de representar a diferença. Através de uma promoção articulada de diversos factores-chave

[86] E é aqui que se justifica uma política integrada – que articule acções de diversos Ministérios como por exemplo, a Economia e a Inovação, as Finanças, o Trabalho e a Formação, a Ciência e o Ensino Superior, os Transportes e até os Negócios Estrangeiros – onde se considerem os múltiplos contributos e se apontem medidas de atractividade específicas ou transversais aos sectores (Rebelo, 2003).

de atracção – como o clima ameno, a beleza da costa marítima, a paisagem do interior, a cultura e os monumentos históricos, as infra-estruturas para a prática de desportos e para a realização de grandes eventos – é preciso desenvolver uma política de *marketing* especificamente voltada para a valorização da cultura portuguesa. Portugal encontra-se – progressivamente – a perder muita da sua identidade cultural.

Ora, este facto é negativo não só para o país e para os portugueses, como também para a economia, em particular para o turismo. É preciso não ignorar que – hoje e, tendencialmente, ainda mais no futuro – muitos turistas (em especial, os asiáticos e os americanos) procurarão destinos em função da oferta cultural especifica: património histórico, património museológico, espectáculos de música, dança e folclore nacional, ou gastronomia. Um segundo desafio respeita à evolução demográfica. O actual envelhecimento da população portuguesa e europeia faz antever a emergência de novas formas de turismo e a consequente necessidade de adaptar infra-estruturas turísticas a pessoas seniores e/ou com grau de deficiência e mobilidade reduzida. Por fim, um terceiro desafio liga-se à necessidade de diversificar o cliente-alvo. A maior parte dos turistas que visitam Portugal são oriundos da Europa Ocidental, particularmente dos países da União Europeia e dos EUA. Ora, para responder a este desafio, é preciso conhecer o tipo de turismo que estes procuram. Se este estiver associado à oferta histórico-cultural existente num país-destino, será conveniente reforçar este tipo de oferta, nomeadamente, expandindo-a e diversificando-a[87].

Acresce que, perante estes desafios, será fundamental que se dinamize a promoção turística. Essencial para qualquer país, a diplomacia económica – combinação virtuosa entre diplomacia e economia – deve ter como missão utilizar a influência diplomática e os recursos existentes num país, no sentido de explorar oportunidades para a economia nacional. Neste particular, caberá

[87] Por exemplo, a construção de um parque temático consagrado aos Descobrimentos Quinhentistas, época emblemática para a história portuguesa e universal, que paralelamente desenvolva animação cultural, podia constituir uma iniciativa bem-sucedida. Trata-se de um período histórico de conhecimento que desperta, internacionalmente, curiosidade e interesse (a título de curiosidade, recorde-se que em 1998 – aquando da Exposição de Lisboa – o universalmente conhecido Vasco da Gama passou a integrar o "Hall of Fame" da *The American Society of Travel Agents*).

certamente ao Instituto do Turismo de Portugal – designadamente através da promoção da imagem de Portugal enquanto destino turístico, da qualificação dos recursos turísticos, e do financiamento da melhoria da oferta turística – protagonizar a viragem necessária a uma nova estratégia de desenvolvimento do turismo português.

Quanto à atractividade dos territórios, e uma vez que o bom ordenamento do território nacional passa pela valorização do território e das cidades portuguesas, torna-se fundamental consolidar o papel destas e, a partir daí, organizar o espaço, construir os territórios mais adequados ao crescimento e à competitividade nacional.

No que concerne ao objectivo de coesão social – e sabendo-se que em Portugal a desigualdade na distribuição dos rendimentos era uma das mais elevadas da União Europeia (Comissão Europeia/Conselho Europeu, 2007) – o QREN visava, através de planeamento estratégico, a prevenção do aumento de focos de pobreza, em particular de indivíduos e de famílias que se confrontam com situações cíclicas de desemprego, sobretudo de longa duração e/ou não subsidiado.

Depois, visava ainda assegurar a prossecução de uma política de sustentabilidade a par de uma política de coesão territorial e social, atentas as orientações da Estratégia de Gotemburgo. Importa considerar que este intento de coesão social caminha, lado a lado, com o ordenamento do território, daí a a ideia de privilegiar – designadamente através de cenários de desenvolvimento, eixos estratégicos e programas estruturantes.

17.3. Considerações finais

Essencial para o desenvolvimento do país, nomeadamente para o seu ordenamento territorial e para a sua competitividade, o QREN veio significar um novo arquétipo de políticas públicas. Mudar mentalidades onde critérios de transparência, de selectividade, de rigor e de responsabilização permitam – respondendo ao interesse dos cidadãos – melhorar a eficiência da afectação dos recursos.

Mudar mentalidades e valorizar as potencialidades humanas, territoriais e ambientais singulares do país, designadamente a sua união ao mar e a especial posição geopolítica, capaz de funcionar como elo de ligação entre os

Continentes Europeu, Americano e Africano, e procurar ser mais selectivo na aplicação dos fundos comunitários foram os grandes desafios das políticas do QREN.

Através da mobilização de fundos comunitários e de investimento público e privado, cabe a missão de tornar Portugal um país mais competitivo, assegurando conjuntamente, numa lógica territorial de equilíbrio, a correcção das graves assimetrias sociais e regionais que subsistem. Ora, isto significa planear, apoiar a prossecução de bons projectos empresariais com indiscutível impacto na nossa economia e sociedade, e valorizar as potencialidades humanas, territoriais e ambientais singulares do país, designadamente, proporcionando nova centralidade aos territórios e às regiões, reforçando os sistemas territoriais de inovação mediante a articulação entre universidades/centros de investigação e empresas.

Além do mais, importa fazer convergir o investimento para a selectividade dos verdadeiros sectores indutores de desenvolvimento. Para que não se repita o que aconteceu na vigência dos anteriores Quadros Comunitários de Apoio – em que, paradoxalmente, se mantiveram ou mesmo agravaram as assimetrias sociais e regionais – é fundamental que se cumpra uma estratégia que respeite os problemas actuais e futuros de cada região e, paralelamente, se promovam novas dinâmicas económicas e se envolvam os agentes regionais na participação da política territorial, nomeadamente ao nível do acesso a informação e conhecimento, do estímulo à inovação e à criatividade, diligenciando verdadeiro crescimento sustentado.

Referências

Comissão Europeia (2005), *Coesão e Estratégia de Lisboa: um sinal claro das cidades e regiões.* Boletim informativo nº 132, Comissão Europeia – Direcção-Geral da Política Regional, Bruxelas.

Comissão Europeia/Conselho Europeu (2007), *Joint Report on Social Protection and Social Inclusion 2007.* Bruxelas.

Mateus, A. (coord.) (2005a), *Competitividade Territorial e Coesão Económica e Social – As Grandes Questões Conceptuais e Metodológicas.* Volume 1, Augusto Mateus e Associados, CIRIUS, GeoIdeia e CEPREDE.

Mateus, A. (coord.) (2005b), *Competitividade Territorial e Coesão Económica e Social – Competitividade, Coesão e Convergência: a Óptica Específica das Regiões Portuguesas, Região do Alentejo*. Volume 3, Augusto Mateus e Associados, CIRIUS, GeoIdeia e CEPREDE.

Rebelo, G. (2003), *Emprego e Contratação Laboral em Portugal – Uma Análise Socioeconómica e jurídica*. Lisboa, EditoraRH.

Rebelo, G. (2006), "Educação, formação e emprego: por uma cultura de inovação", *Sociedade e Trabalho*, n.º 29: 55-65.

18. IGUALDADE DE OPORTUNIDADES ENTRE HOMENS E MULHERES NO TRABALHO[88]

18.1. A eliminação das discriminações entre homens e mulheres

Quando se fala em igualdade de oportunidades, uma tarefa particularmente árdua de concretizar neste âmbito tem sido a da eliminação das discriminações entre homens e mulheres (Rebelo, 2017; Rebelo, 2019). Até hoje, as leis nacionais, directivas comunitárias ou programas europeus de acção – periodicamente promovidos por diversas instituições europeias como o Conselho, o Parlamento e a Comissão – não foram suficientes para, por exemplo, suprimir os *gaps* salariais, garantir a paridade na vida política e nos cargos de chefia das empresas. Além do mais – e muito embora as mulheres tenham alcançado a almejada igualdade no acesso aos diferentes graus de ensino, sendo até por vezes já dominantes no graus de ensino superior –, continua a constatar-se que, no espaço da UE, as mulheres são mais atingidas pelo desemprego do que os homens. É assim que urge repensar o papel da mulher na vida social e política de cada país e do espaço europeu. Deste modo, o projecto europeu deverá residir na necessidade de construir um robusto Modelo Social Europeu que promova, entre outros aspectos, uma efectiva igualdade de oportunidades entre homens e mulheres.

[88] Texto revisto e adaptado de artigo publicado na revista *Dirigir* n.º 98, Abr./Jun. 2007: 38-41.

Inscrita no propósito de consolidar na UE um Modelo Social que articule crescimento do emprego das mulheres, taxa de natalidade elevada e coesão social, a consagração em 2007 do "Ano Europeu da Igualdade de Oportunidades para Todos" pretendeu, como objectivo geral, sensibilizar a população europeia para os benefícios de uma sociedade mais justa. Ou seja, traduziu uma iniciativa que pretende promover a igualdade e a não discriminação, realçando que é benéfico garantir a todas as pessoas – independentemente do género, origem étnica, religião ou crença, deficiência, idade e orientação sexual – as mesmas oportunidades. Procurou evidenciar os benefícios da diversidade como base da vitalidade socioeconómica e da prosperidade da Europa, bem como desenvolver representações e competências sociais capazes de garantir a coexistência social pacífica no espaço comunitário.

Baseada na ideia de que a evolução, o progresso e o equilíbrio das sociedades modernas passam, necessariamente, pela promoção de uma cultura de igualdade, esta comemoração – criada pela Decisão nº 771/2006/CE do Parlamento Europeu e do Conselho da União Europeia, de 17 de Maio – pretendeu sensibilizar os europeus para os benefícios de uma sociedade justa e solidária. Procurando combater atitudes e comportamentos discriminatórios, bem como informar os cidadãos sobre os seus direitos e obrigações, as campanhas realizadas em "2007 – Ano Europeu da Igualdade de Oportunidades para Todos" desenrolaram-se em todos os Estados-Membros da União, numa acção conjunta contra a discriminação.

18.2. O Plano Nacional de Acção para a Igualdade de Oportunidades

Em Portugal, pela Resolução do Conselho de Ministros n.º 88/2006, de 18 de Julho, foi constituída uma Estrutura de Missão composta por algumas entidades representativas da sociedade portuguesa[89]. Além disso, foi apresentado o *Plano Nacional de Acção para a Igualdade de Oportunidades* que pretende apoiar iniciativas – nomeadamente debates, colóquios e conferências temáticas, acções

[89] Que incluíam o Alto Comissariado para a Imigração e Minorias Étnicas (ACIME), a Coordenadora do Plano Nacional Para Inclusão Social (PNAI), a Comissão para a Igualdade e para os Direitos das Mulheres (CIDM), o Instituto do Emprego e Formação Profissional (IEFP), o Instituto Português da Juventude (IPJ), o Instituto de Segurança Social (ISS) e o Secretariado Nacional para a Reabilitação e Integração das Pessoas com Deficiência (SNRIPD).

de formação para a cidadania e direitos humanos e campanhas de informação e divulgação – que contribuam para a desmistificação de preconceitos, o fortalecimento do respeito pela diferença e o entendimento de que a diversidade pode ser um factor qualitativo de maior participação social.

Este Plano apelava ainda à intervenção da sociedade civil no debate sobre a problemática da não discriminação com o objectivo de alcançar propostas concretas que possam sensibilizar e influenciar o poder político, tendo em vista combater os problemas da discriminação.

Podendo vir a ter uma importância crucial na "mudança de mentalidades" o "Plano Nacional de Acção para a Igualdade de Oportunidades" – a par do "Plano Nacional de Acção para a Inclusão 2006-2008" – deverá promover a execução de novos meios de acção contra a discriminação e de boas práticas para a Igualdade de Oportunidades, assim como eixos que contemplem a inserção profissional e o acesso ao emprego; o acesso à formação e à aprendizagem ao longo da vida; a progressão nas carreiras; e a conciliação entre trabalho e maternidade.

Ao nível dos direitos, procurou-se sensibilizar para o direito à igualdade, para a não discriminação e a problemática das discriminações múltiplas, permitindo às populações expostas à discriminação um melhor conhecimento dos seus direitos e da legislação europeia nestas matérias; ao nível da representação, buscou-se fomentar o debate sobre formas de aumentar a participação na sociedade e em grupos vítimas de discriminação de modo a obter um nível de participação social mais equilibrado em termos de género; ao nível do reconhecimento, procurou-se facilitar a diversidade e a igualdade e no plano do respeito, promover uma sociedade mais coesa com a sensibilização para a importância de serem eliminados estereótipos, preconceitos e violência no âmbito da promoção de boas relações entre todos os membros da sociedade num contexto sociocultural valorizador da diversidade.

O Plano Nacional de Acção para a Igualdade justificou-se porque em Portugal o tema da igualdade de oportunidades entre homens e mulheres tem sido, infelizmente, secundarizado. É certo que, em comparação com os dados de outros países da UE, as mulheres portuguesas registam uma elevada taxa de actividade e de emprego, mas também é certo que as condições de trabalho e de vida a que estão quotidianamente sujeitas ficam muito aquém das dos restantes países europeus. Em particular, a dificuldade no equilíbrio entre a vida profissional e a vida privada coloca ainda problemas de exclusão e/ou de diminuição da taxa de natalidade. Foi, pois, necessário intensificar os esforços que visam, através de meios eficazes e inovadores, ajudar homens e mulheres a conciliar o seu trabalho e as suas responsabilidades no plano privado, e em todos os estádios da sua vida.

A afirmação da "igualdade" passa também pela concretização da "oportunidade", isto é, pela possibilidade dada a alguém de sobressair e ascender profissionalmente pelo simples facto de essa pessoa ter mérito. Ora em Portugal muito está por fazer neste aspecto. No início deste século XXI – tendo alcançado a almejada igualdade no acesso aos diferentes graus de ensino – a figura da mulher é, paradoxalmente, ainda rara quando se fala da ocupação de cargos de chefia (Rebelo, 2019). As dificuldades encontradas para conciliar vida profissional e vida privada, combinadas com os estereótipos existentes, continuam a dificultar a carreira às mulheres e a perpetuar a segregação vertical do mercado de trabalho. Assim, permanece premente sensibilizar e lutar contra os diversos constrangimentos que impedem que as condições de vida e de trabalho das mulheres sejam, ainda, globalmente diferentes das dos homens (Rebelo, 2019).

18.3. Considerações finais

É preciso acreditar que o que é constrangimento hoje poderá não o ser amanhã. De facto, um pouco por toda a Europa e mundo, as mulheres vão dando, progressivamente, mostras de maior mobilização e de intervenção, quer na área empresarial, quer no sistema político, nomeadamente através do aumento da sua participação em cargos de decisão política. Por tudo isto, a Igualdade de Oportunidades tem vindo – ainda que de forma lenta e paulatina – a transformar-se numa tendência de carácter irreversível. Contudo, as palavras "Igualdade" e "Oportunidade" só farão sentido se – no mercado de trabalho e noutros planos da vida – forem a expressão genuína não só de um pensamento ou discurso, mas também da acção.

Referências

Rebelo, G. (2002), *Trabalho e Igualdade – Mulheres, Teletrabalho e Trabalho a Tempo Parcial.* Celta, Oeiras.

Rebelo, G. (2003), *Emprego e Contratação Laboral em Portugal – Uma Análise Socioeconómica e Jurídica.* Lisboa, EditoraRH.

Comissão das Comunidades Europeias (2006), *Rapport sur l'egalité entre les femmes et les hommes.* Bruxelas.

Rebelo, G. (2017), "Duração e organização do tempo de trabalho em Portugal – Alterações ao Código do Trabalho". *International Journal on Working Conditions* n.º 14: 85-104. (disponível em http://ricot.com.pt/artigos/1/IJWC.14_GRebelo_p.85.104.pdf).

Rebelo, G. (2019), "Working Time Organization : Influences in Work-family Balance and Career". *International Journal on Working Conditions* n.º 18: 113-130. (disponível em https://doi.org/10.25762/h6j6-xn58).

19. FLEXIBILIDADES E PERCURSO PROFISSIONAL[90]

19.1. A amplitude do termo "flexibilidade"

Empregue de forma frequente no discurso político e económico, o termo flexibilidade apresenta, em geral, contornos ambíguos, sendo por vezes utilizado para designar realidades muito diversas. A verdade é que vivemos na era da globalização e este facto implica considerar uma profunda mudança de mentalidades. Se no passado se confiava no imediato, no conhecido e no material, com a globalização, acontece o inverso: a evolução e a incerteza dos mercados, a concorrência e, nomeadamente, as recentes mutações económicas, tecnológicas e sociais constituem factores envolventes de acrescida exigência para as organizações. Em consequência, nos sectores privado e público da economia surgem, de forma constante, maiores e novos desafios às organizações. Por exemplo, no sector privado colocam-se, entre outras, as questões de como saber antecipar as necessidades dos clientes em termos de criação de novos produtos e/ou de resposta a novas exigências de sofisticação dos consumidores; no sector público, suscitam-se, com igual premência, as questões de como aproximar a Administração pública aos cidadãos e às empresas, como descentralizar e diminuir as estruturas administrativas e/ou como simplificar os procedimentos (Rebelo, 2003; Rebelo, 2005b; Rebelo, 2006).

Entende-se assim que as organizações são "flexíveis" quando apresentam um grande número de configurações potenciais a que podem recorrer

[90] Texto revisto e adaptado de artigo publicado na revista *Dirigir* n.º 96, Out./Dez. 2006: 20-23.

rapidamente e quando dispõem de sobrecapacidades - que podem estar ligadas aos produtos, aos processos ou às estruturas - para fazer face a um imprevisto e/ou às numerosas expectativas - conhecidas e desconhecidas, existentes ou criadas - dos consumidores e cidadãos. Deste modo, perante desafios que implicam um nível de sinergias até agora desconhecido, as organizações vêem na flexibilidade um recurso estratégico e um meio para assegurar a sua competitividade (Rebelo, 2003).

Assim a flexibilidade - quer esteja ligada à produção, quer aos recursos humanos - pode ser vista como um dos mais importantes (senão o mais importante) motor de desenvolvimento produtivo das empresas (Rebelo, 2004). À análise do "desempenho produtivo" de uma empresa, nomeadamente da capacidade para suportar variações na procura, deve juntar-se igualmente a análise do nível do "desempenho humano" (por exemplo, saber se no caso de reorganização ou inovação os indivíduos demonstram adaptabilidade funcional).

É por esta razão que, no início deste século, a flexibilidade adquire um lugar central nas teorias de gestão e no discurso político e económico. Como é sabido existem numerosos meios para desenvolver a flexibilidade. De entre as múltiplas propostas, realço, em particular, a que, associando flexibilidade à estratégia, contrapõe a "flexibilidade defensiva" à "flexibilidade ofensiva".

19.2. A flexibilidade defensiva e a flexibilidade ofensiva

Embora na maioria das vezes a flexibilidade seja utilizada numa óptica defensiva - permitindo à organização adaptar-se às variações da procura através do ajuste quantitativo dos recursos humanos - esta pode também ser aplicada ao serviço de estratégias ofensivas.

No plano laboral, se a flexibilidade defensiva radica na defesa de um mercado de trabalho mais liberal e numa relação salarial mais concorrencial, a flexibilidade ofensiva assenta na ideia de que o que está em causa é assegurar uma relação salarial que favoreça a emergência de um modelo flexível mas social. Nesta última perspectiva entende-se que - num ambiente externo de incerteza - a flexibilidade traduz-se precisamente na capacidade de adaptação contínua da organização, assente, sobretudo, na ideia de mobilidade funcional. Ou seja, acredita-se que uma organização qualificante que promova a mobilidade funcional e que se paute por uma maior descentralização de decisões oferece melhores condições para responder com estabilidade às incertezas do mercado, evitando o recurso a despedimentos.

Convém no entanto realçar que, para se implementar uma organização qualificante através da flexibilidade ofensiva, importa que se imponha como central o acesso à formação e à diversidade na formação. Só daí resultará um aumento da capacidade de resolução de problemas concretos e uma maior eficiência e capacidade de inovação em situações profissionais concretas.

E procurando conciliar as exigências de um mercado de trabalho que se quer flexível é preciso que se compreenda que é possível a uma empresa implementar flexibilidade sem criar precariedade. Por exemplo, as políticas de gestão assentes na ideia de mobilidade funcional interna, permitem à generalidade das empresas – antecipando certas dificuldades conjunturais e/ou maiores solicitações do mercado – elevar a adaptabilidade dos seus trabalhadores através da aquisição e do desenvolvimento de competências e a co-responsabilização pelo sucesso da empresa, nomeadamente procurando promover um maior envolvimento da empresa com os trabalhadores. Contudo, será desejável que os empregadores assumam o compromisso em facultar recursos de suporte ao desenvolvimento profissional dos trabalhadores, em particular o acesso à formação. Trata-se pois de – numa relação contratual que é juridicamente bilateral – assegurar, na base de um compromisso recíproco, um enriquecimento quer da empresa quer dos seus trabalhadores.

Um dos aspectos fundamentais para promover o reforço deste envolvimento é, precisamente, reconfigurar o conceito de progressão na carreira (Rebelo, 2004a: 205-206). Tem-se entendido por carreira a categoria ou o conjunto ordenado de categorias ligado, em génese, à ideia de "posto de trabalho" e à expectativa de subida de grau no posto (Menezes Cordeiro, 1991). Ou seja, é uma construção assente num sistema de recompensas extremamente hierarquizado. Ora, no Código do Trabalho, o legislador introduziu a ideia de que o objecto do contrato de trabalho passa pelo desenvolvimento de uma actividade (Rebelo, 2005a: 503-514). O n.º 1 do artigo 118.º do CT dispõe que "o trabalhador deve, em princípio, exercer funções correspondentes à actividade para que foi contratado" (v.g., o n.º 1 do artigo 115.º do CT) e o n.º 2 do artigo 118.º CT esclarece que "a actividade contratada (...) compreende as funções que lhe sejam afins ou funcionalmente ligadas, para as quais o trabalhador detenha a qualificação profissional adequada e que não impliquem desvalorização profissional". Acresce que o nº 3 designa como "afins ou funcionalmente ligadas, designadamente, as actividades compreendidas no mesmo grupo ou carreira profissional".

Esta mudança na perspectiva do que é objecto do contrato de trabalho permite constatar que a lei faculta agora diversos pressupostos que possibilitam a implementação de um conceito alternativa ao de "carreira profissional" que designamos por "percurso profissional" (Rebelo, 2004a). Contudo a construção deste conceito implica algumas mudanças na lógica de Gestão de Recursos Humanos. Em primeiro lugar, porque o empregador deve considerar – dado o perfil de competências do trabalhador ao momento da contratação (competências detidas) – o seu potencial de "qualificação evolutiva", isto é, considerar quais as competências que o trabalhador pode desenvolver ou adquirir para a boa execução da actividade que se propõe desenvolver (mobilização de competências).

Depois, é preciso que sejam identificados quais os potenciais contributos que estas competências podem representar para a *performance* produtiva das empresas (competências organizacionais). Ou seja, importa – na análise do desenvolvimento de uma actividade – diagnosticar o *portfolio* de competências individuais mas também organizacionais exigíveis em cada caso (Rebelo, 2004a: 205-261). A Gestão pela Competência assenta na ideia de "mobilização e validação das competências", o que significa que se exige que o empregador confirme e reconheça, progressivamente, "pela formação e depois pela matriz de funções sucessivamente exercidas pelo trabalhador" não só as capacidades utilizadas, mas também as capacidades detidas e disponíveis, substituindo-se à lógica tradicional de progressão profissional por ocupação de posto de trabalho.

De realçar que esta perspectiva que promove o "percurso profissional qualificado" visa não apenas o incremento do desenvolvimento de uma gestão ligada ao desenvolvimento de uma nova cultura organizacional – que tem como elemento referencial central a competência individual e a competência organizacional – mas também o reforço da ideia de compromisso laboral.

Referências

Rebelo, G. (1999), "Acerca das novas formas de trabalho em Portugal – uma perspectiva sócio-organizacional e jurídica". *Organizações e Trabalho*, n.º 21: 30-45.

Rebelo, G. (2002), *Emprego e Formas de Precariedade da Actividade Laboral: Portugal no contexto da UE*. Tese de Doutoramento policopiada, Lisboa, ISEG/UTL.

Rebelo, G. (2004a), "O Código do Trabalho e a Lógica da Competência na Relação Individual de Trabalho".In Rebelo, G. e Almeida, P. *A Era da Competência – Um novo paradigma para a Gestão de recursos Humanos e o Direito do Trabalho*. Lisboa, EditoraRH: 205-261.

Rebelo, G. (2004b), "Os desafios da Gestão pela Competência para o Direito do Trabalho". In Rebelo, G. e Almeida, P., *A Era da Competência – Um novo paradigma para a Gestão de recursos Humanos e o Direito do Trabalho*. Lisboa, EditoraRH: 185-203.

Rebelo, G. (2005a), "Do conceito de actividade no Código do Trabalho". Revista da Ordem dos Advogados ano 65, II (2005): 503-514. (disponível em http://www.oa.pt/Conteudos/Artigos/detalhe_artigo.aspx?idc=30777&idsc=45582&ida=45605).

Rebelo, G. (2005b), "Administração Pública e Gestão pela Competência". *O Economista – Anuário da Economia Portuguesa*: 103-109.

Rebelo, G. (2006), "A reforma da Administração Pública". *O Economista – Anuário da Economia Portuguesa*, Ordem dos Economistas: 99-106.

Gendron, M. (1996), "Competencies and what they mean to you". *Harvard Management Update*.

Lobo Xavier, B. G. (1997), "A mobilidade funcional e a nova redacção do art. 22º da LCT". *Revista de Direito e Estudos Sociais*, Janeiro/ Setembro: 51 e segs.

Menezes Cordeiro, A. (1991), *Manual de Direito do Trabalho*. Coimbra, Almedina.

Monteiro Fernandes, A. (2004), *Direito do Trabalho*. Coimbra, Almedina.

20. DESBUROCRATIZAÇÃO E DESMATERIALIZAÇÃO DO TRABALHO[91]

20.1. Sociedade de Informação e TIC

Neste século XXI, e em ambiente de aumento crescente da competitividade, as organizações tornam-se mais exigentes em matéria de produtividade e de eficácia. É assim que a dinâmica do progresso tecnológico tem vindo a impor uma mudança organizacional na sociedade. Ora, a actual sociedade – que se caracteriza essencialmente pelo acesso selectivo à informação, à comunicação visual e à comunicação interpessoal – exige novas regulações (Rebelo, 2020).

Tanto assim é que os responsáveis políticos têm, neste momento, consciência de que o futuro de cada país estará condicionado pela "acção" das Tecnologias de Informação e de Comunicação TIC, ou seja, pela forma como estas forem assimiladas, pela sua rapidez de absorção por parte das pessoas; pelo aproveitamento das oportunidades oferecidas e pelo planeamento estratégico da sua utilização. A verdade é que hoje as TIC entram na vida quotidiana de todos: nos locais de trabalho, nos domicílios, nas escolas, e na generalidade das instituições (públicas ou privadas) (Rebelo, 2017; Rebelo e Roxo, 2019; Rebelo, Simões e Salavisa, 2020).

A profundidade do seu impacto sobre a vida económica e social torna-se, portanto, evidente: em particular, as TIC reconfiguram as relações laborais,

[91] Texto revisto e adaptado de artigo publicado na revista *Dirigir* n.º 95, Jul./ Set. 2006: 33-35.

testemunhando um novo elo de ligação – importante pela sua dimensão e significado – entre o processo de mudança tecnológica, a organização da vida empresarial e a sociedade Rebelo, 2003b; Rebelo, 2017). Surge, assim, uma nova forma de organização social, onde as TIC assumem um papel central e motor na actividade humana (Rebelo, 2004).

Além do mais, as organizações estão hoje amplamente conscientes da importância da introdução das TIC para fazer face à pressão da concorrência económica (Rebelo, 2004; Rebelo, 2020:51-55). E – do sector privado ao sector público – procuram também soluções de comunicação integrada, capazes de permitir a agilização de processos e de tarefas (Rebelo, 2003a). Acresce que, paralelamente à difusão das TIC, uma outra mutação essencial tem sido a substituição nas organizações das estruturas centralizadas pelas estruturas de redes (*web*). Ou seja, temos vindo a assistir a uma reorganização empresarial permanente provocada pela "nova estrutura social ligada às redes" (Castells, 2002).

Como é sabido a sociedade da informação corresponde, na sua essência, a uma sociedade pós-industrial onde ganham protagonismo novos actores e dinâmicas, tais como a economia de serviços, os especialistas altamente qualificados, o saber teórico como motor central gerador de inovação, ou a "tecnologia do intelecto", capaz de dar resposta a problemas complexos relacionados, nomeadamente, com os sistemas da informação.

20.2. Transição para o digital

Também o mundo do trabalho se tem caracterizado por uma mutação progressiva do analógico para o digital e do paradigma da máquina para o paradigma da rede. Enquanto na sociedade industrial o trabalho se caracterizava pela rotina e a mecanização, na sociedade da informação o trabalho é desempenhado em interacção. Além disso, em vez de processos mecânicos, o trabalho em rede caracteriza-se por processos complexos e baseados em fluxos mutantes. De facto, encontramo-nos num contexto de sociedade de informação e de mudança tecnológica que influenciam os diversos sectores de actividade, no sentido de garantir mais produção, com melhor qualidade e em tempo útil, mas também maior mobilidade e "diferentes abordagens da organização do trabalho" (Boyer, 2000; Rebelo, 2018:70-74; Rebelo, 2020: 51-55; Rebelo, Simões e Salavisa, 2020).

Vivemos, pois, um novo estádio de desenvolvimento social e económico em que a aquisição, o armazenamento, o processamento e a difusão de informação permitem criar, simultaneamente, conhecimento e satisfazer necessidades sociais. A sociedade da informação corresponde, assim, a uma sociedade cujo funcionamento recorre crescentemente a redes digitais de informação. E esta alteração do domínio da actividade económica é resultante do desenvolvimento das TIC e do seu impacto em diversas áreas sociais como, entre outras, o trabalho, a educação, a ciência, a saúde, os transportes, ou o ambiente (Rebelo, 2017:17-22).

Tendencialmente, o trabalho na sociedade da informação deixará, progressivamente, de implicar o recurso ao material ("ao papel e às canetas"), passando a assentar, *maxime*, em processos automatizados e computacionais (veja-se o caso da autenticação de documentos através das assinaturas electrónicas). O ambiente de trabalho será, e cada vez mais, electrónico e desmaterializado. Além disso, acredita-se que esta desmaterialização do trabalho tem repercussões positivas ao nível da sua desburocratização. Numa organização, pode ser solicitada a um trabalhador – em qualquer momento e em qualquer local – a resolução dinâmica de algumas rotinas quotidianas como, por exemplo, a marcação de férias ou a justificação de atrasos e/ou faltas. E, num novo ambiente digital de trabalho, é preciso que se reconheça a necessidade de maior autonomia na execução electrónica de tarefas desta natureza.

É assim que o recurso generalizado às TIC nos locais de trabalho – a par da revolução digital, da emergência da Internet e do comércio electrónico e da confluência dos sectores das telecomunicações, dos computadores e do audiovisual – tem vindo a impor, entre outras, a emergência da desburocratização no trabalho, desencadeando alterações significativas nas organizações (Rebelo, 2004). Foi o que aconteceu, por exemplo, em quatro países nórdicos – a Noruega, a Dinamarca, a Suécia e a Finlândia – onde a reforma da Administração Pública conseguiu transformar uma estrutura de trabalho orgânica esclerosada numa estrutura de trabalho moderna e eficiente. A verdade é que a reforma do sector público foi conduzida nestes países com grande sentido de pragmatismo e, também, de adaptabilidade. Depois de uma fase de redução progressiva do número de efectivos e de um processo de descentralização de competências, seguiu-se a flexibilização dos recursos humanos. Sujeitos a acções de formação contínua, os funcionários públicos escandinavos rapidamente se adaptaram a um conjunto de regras de desburocratização no trabalho que fazem da qualidade e da satisfação do utente a sua prioridade (por exemplo, todo o tipo de "informações considerada útil" está disponível na Internet). Saliente-se que, neste contexto, as medidas de modernização do ambiente de trabalho adoptadas aliviaram o peso da burocracia e criaram condições de aumento da eficiência na oferta de serviços ao cidadão, contribuindo para o crescimento da produtividade e da competitividade das empresas e para a melhoria geral da qualidade de vida dos cidadãos.

20.3. Considerações finais

Um dos principais desafios para Portugal consiste em acompanhar os nossos parceiros da União Europeia, assim como as restantes economias mais desenvolvidas do mundo, na transferência dos benefícios da sociedade da informação para os cidadãos. É, assim, imprescindível contrariar um conjunto de factores apontados como condicionantes à expansão do trabalho digital, sensibilizando a generalidade das organizações, do sector público e do sector privado, para as vantagens do trabalho digital e em rede.

Mas, para uma eficiente implementação, esta sensibilização deverá igualmente passar pelo encorajamento de formação adequada e do sentido de adaptabilidade, pois só assim será possível às organizações modernizar estruturas e adoptar, simultaneamente, "soluções abertas" com custos reduzidos. E este é, afinal, um dos principais objectivos da "desmaterialização" do trabalho e da sua "desburocratização" progressiva.

Referências

Ministério da Ciência e da Tecnologia (1997), *Livro Verde para a Sociedade da Informação em Portugal.* Lisboa, Ministério da Ciência e da Tecnologia.

Boyer, R. (2000), "Reformas institucionais para o crescimento, emprego e coesão social". In Boyer, R., et al., *Para uma Europa da Inovação e do Conhecimento*, Oeiras, Celta: 127-180.

Castells, M. (2002), *La Galaxie Internet.* Paris, Fayard.

Rebelo, G. (2003a), "Formação e competitividade empresarial na Sociedade da Informação". *RHMagazine*, n.º 28: 16-20.

Rebelo, G. (2003b), *Emprego e Contratação Laboral em Portugal – Uma Análise Sócio-Económica e Jurídica*. Lisboa, RHEditora.

Rebelo, G. (2004), *Teletrabalho e Privacidade – Contributos e Desafios para o Direito do Trabalho*. Lisboa, RHEditora.

Rebelo G. (2017), "Relações Laborais – 2018 em perspectiva". *Cadernos de Economia n.º 121*, Ordem dos Economistas: 17-22.

Rebelo, G. (2018), "Digitalização e Trabalho: Os desafios da Indústria 4.0". O Economista 2018 - Anuário da Economia Portuguesa, Ordem dos Economistas: 70-74.

Rebelo, G. (2020), "A transição digital no trabalho e na educação: que mudança?" Cadernos de Economia n.º 131, Abr./Jun., Ordem dos Economistas: 51-55.

Rebelo, G. e Roxo, M. (2019), "The Challenges of Digital Work in Portugal". In W. Sanguineti Raymond y J. B. Vivero Serrano (Dirs.), *La construcción del Derecho del Trabajo de las redes empresariales*. Granada, editorial Comares.

Rebelo, G., Simões, E. e Salavisa, I. (2020), "Working time and digital transition: a complex and ambiguous relationship". In *Proceedings of the 2nd European Conference on the Impact of Artificial Intelligence and Robotics* (disponível em https://www.dropbox.com/sh/ogbsg8dl9xlclgx/AAAcC-YAcUekgupLEgo9dUfka?dl=0&preview=ECIAIR%20 2020%20Proceedings.pdf&fbclid=IwAR3N_isxLFksqtWKvnDd6G7HVgGQQfR-4PhPXU4rp83WJxJxWc9YmYVrVjA8)

21. EDUCAÇÃO, INOVAÇÃO E EMPREGO[92]

21.1. Um espaço europeu de inovação e conhecimento

Desde o início deste século que a resposta europeia aos desafios da economia se tem afirmado pela consagração de um objectivo estratégico: o da criação de um espaço económico baseado na inovação e no conhecimento. Trata-se de assegurar para a União Europeia um espaço capaz de elevar os níveis de crescimento económico, de qualidade e de quantidade de emprego. Fala-se, então, na construção de um novo paradigma socioeconómico baseado na inovação, em que a educação – porque apresenta repercussões não só ao nível da produtividade como da generalidade do sistema de emprego – tem sido encarada como um meio de preparar as pessoas para o para o trabalho (Rebelo, 2010; Rebelo, 2011; Rebelo, 2017).

Mas, no plano macroeconómico, a empregabilidade não é dissociável da educação, apresentando-se como um elo de ligação entre as qualidades que as pessoas possuem e as necessidades do mercado de trabalho. E, uma vez que o conceito de empregabilidade está em constante evolução, é preciso que se entenda que as empresas exigem hoje, além de uma determinada formação académica, outro tipo de atributos: as competências. A iniciativa, a autonomia, a criatividade, a visão do negócio, são aspectos cada vez mais valorizados pelos empregadores. De facto, a passagem da qualificação à competência

[92] Texto revisto e adaptado de artigo publicado na revista *Dirigir* n.º 93, Jan./ Mar 2006: 28-34.

apresenta-se como um dos principais desafios do século XXI (Rebelo, 2004). A lógica da competência emerge num contexto de diferenciação entre indivíduos, num modelo que se baseia no reconhecimento de capacidades operatórias gerais, mobilizáveis e aplicáveis a um conjunto diversificado de situações.

Aliás, foi na Cimeira Europeia de Estocolmo, em 2000, que se afirmou a necessidade de estabelecer na UE elevados padrões de competência que respondam aos desafios da sociedade da informação. Ora, acontece que a economia europeia – e não obstante registar globalmente um desenvolvimento económico – se debate com uma crescente falta de competências e também com um problema que se prende com o desenvolvimento da inovação. O *ranking* europeu da inovação, *European Innovation Scoreboard* 2005, divulgado pela Comissão Europeia em Dezembro de 2005 colocava a Itália, a Espanha e Portugal, respectivamente, na 12ª, 16ª e 18ª posição no conjunto dos 25 da UE. Por seu turno, os países com melhores níveis de indicadores na inovação eram os nórdicos: a Finlândia, a Suécia e a Dinamarca. O estudo indicava que o lugar ocupado por Portugal se deve, sobretudo, a uma "performance muito abaixo da média" nos indicadores relativos à educação e à aprendizagem ao longo da vida e que a generalidade dos indicadores estavam abaixo da média, com excepção do "empreendedorismo e criação de empresas". Realçava ainda que as posições dos países nórdicos e do Reino Unido (em 7.º em 25 países da UE) se deviam, entre outras, a uma excelente performance registada em diversos indicadores da educação relacionados com o ensino superior e a aprendizagem ao longo da vida.

E sem pretender estabelecer qualquer correlação, esta fraca capacidade para inovar que se verifica nos países latinos está relacionada com o sistema de educação. Muitos filósofos eminentes, entre os quais Herbert Spencer, não tiveram dificuldade em demonstrar que a instrução não torna a pessoa mais moral nem mais feliz, mas permite prepará-la para as "lutas da vida", assim como para o êxito, desde que detenha capacidade de iniciativa. O principal óbice do sistema de educação latino é o de repousar num erro: reduzir o ensino à recitação dos manuais. Ou seja, do ensino básico à universidade, o estudante procura ingurgitar o conteúdo dos manuais, sem que os questione ou adopte uma posição crítica e pró-activa. Chegados ao terceiro nível de ensino, a maioria dos estudantes, confrontados com a exigência de capacidade crítica iniciativa, não responde de forma positiva. E, mais tarde, quando saem para o mercado de trabalho, mesmo que licenciados, poucos são os que revelam capacidade de iniciativa, de criatividade e de inovação em ambiente de trabalho.

Por seu turno, o êxito do sistema de educação anglo-saxónico é grande e serve de base de formação ao capital humano das potências económicas emergentes. Na verdade, o ensino anglo-saxónico, sobretudo o norte-americano, tem um elevado nível de procura e representa uma enorme fonte de receitas. E se os estudantes oriundos da Índia e da China se destacam em maior número, muitos são também os estudantes da Coreia, do Japão, do Canadá, de Taiwan, do México e, realce-se, da Turquia.

21.2. Desafios ao sector educativo em Portugal

Nos últimos quarenta anos o sector educativo foi um dos que mais reflectiu as transformações sociais, culturais e económicas ocorridas em Portugal.

Desde logo, assistimos a uma democratização do ensino, em particular do ensino superior. De acordo com o INE, os dados dos dois últimos recenseamentos da população demonstram uma tendência para a diminuição da população sem qualquer grau de ensino e, paralelamente, para o aumento progressivo da população quer com o ensino secundário, quer com o ensino superior.

Mas, se se registaram notáveis progressos, permanecem também inúmeras lacunas. No início deste século, de acordo ainda com os dados facultados pelo INE a partir do Censos 2001, em Portugal o analfabetismo ainda persistia: cerca de 9% da população analfabeta. Além disso, o País debatia-se ainda com o gravíssimo problema do abandono escolar, uma vez que de acordo com o estudo *Education at a Glance 2005*, da OCDE, os jovens no México, na Turquia e em Portugal tinham menos possibilidades que os jovens dos outros países de concluir o Ensino Médio (OCDE, 2005). Estes indicadores sujeitavam Portugal a desafios básicos ao nível da educação, designadamente garantir a redução do abandono escolar, assim como a universalização da educação primária e a alfabetização dos adultos (OCDE, 2005).

Mas, não obstante, o grande desafio para a educação em Portugal é o de assegurar a melhoria transversal da qualidade do ensino. Desde logo, reflectindo sobre o que devem os alunos aprender e identificando como um objectivo prioritário a necessidade de redefinir para o sistema de ensino um "corpo comum de conhecimentos". É necessário assegurar que não caminhamos para uma sociedade baseada numa filosofia de "cultura minimalista" mas sim numa aprendizagem (que se quer contínua) assente na aquisição de conhecimentos de base consolidados.

Depois é preciso estruturar uma educação que promova a inovação. Este é um aspecto particularmente importante para reforma do sistema educativo. De facto, em Portugal o nível de inovação é fraco e a explicação reside, pelo menos em parte, no sistema de ensino. O ensino actual não promove a inovação por diversas ordens de razões. Primeiro, porque os sistemas de recompensa estão estratificados: os alunos são orientados para transitar sempre de ano até chegarem à Universidade. Ora, a promoção da inovação nas escolas – que passa pela consideração dos "saber-fazer" associados às aprendizagens que resultam de experiências (competências) – rompe com estes padrões instituídos, ou seja, implica procurar ultrapassar o mero objectivo de assegurar a transição de ano escolar. Depois, porque a educação contemporânea ainda tem como dominantes as características do modelo de educação latino.

Assim, caberá prosseguir os objectivos básicos de combate ao abandono escolar e de universalização da educação e alfabetização de adultos; redefinir um corpo comum de conhecimentos para o sistema de educação; estimular a inovação na educação através da revisão de metodologias e conteúdos programáticos; assegurar formação académica inicial acompanhada do desenvolvimento de competências (v.g., iniciativa, autonomia e visão de negócio) e assegurar formação contínua e aprendizagem ao longo da vida.

21.3. Considerações finais

Na linha do que foi delineado na *Estratégia de Lisboa* é preciso restaurar o desempenho do ensino europeu, em particular do modelo de educação latino, imprimindo-lhe uma dinâmica de excelência mundial. Para tanto, em Portugal, será necessário melhorar, de forma transversal, a qualidade do ensino e, revendo conteúdos e metodologias, promover uma educação assente na inovação e na operacionalidade dos conhecimentos. Impõe-se, pois, uma reconfiguração do sistema de educação que responda ao propósito europeu de garantir a criação de um espaço económico baseado na inovação e no conhecimento. Considerando o trinómio em apreço, esta deverá ser a essência da política de educação porque fundamental para diminuir futuros desajustamentos entre a oferta e a procura de mão-de-obra no mercado de trabalho, em particular no que respeita aos licenciados.

É necessário estimular a procura de cursos superiores em TIC no ensino superior, sendo também preciso sensibilizar os jovens para as tecnologias da informação como nexo de competências que abrem oportunidades de empregabilidade e de evolução profissional. Esta sensibilização deve estar centrada na difusão, desde o ensino básico e secundário, não só de competências em TIC na ótica do utilizador como, igualmente, em competências em programação. Ao mesmo tempo, é essencial sensibilizar para a importância do reforço da inclusão de competências digitais no âmbito da generalidade dos curricula escolares e dos referenciais de formação do Catálogo Nacional de Qualificações (Rebelo 2019a:22-27).

A economia portuguesa está muito alicerçada em sectores tradicionais – como o turismo e a agricultura – assentes em salários baixos mas é preciso promover sectores onde a inovação esteja focada na transformação da economia por via da digitalização e da incorporação do conhecimento nas empresas, estimulando a capacidade de expansão continuada dos sectores empresariais mais inovadores. Só assim se evidenciará a persistência necessária das políticas públicas de inovação em Portugal (Rebelo, 2019b:30-35).

Referências

Comissão Europeia (2005), *European Innovation Scoreboard, Trend Chart, Innovation Policy in Europe*. Bruxelas, CE.

OCDE (2005), *Education at a Glance 2005 – OECD Indicators*, Organisation for Economic Co-operation and Development. Paris, OCDE.

Rebelo, G. (2002), "Para uma Tipologia da Precariedade da Actividade Laboral". *Organizações e Trabalho* n.º 28: 69-85.

Rebelo, G. (2003), *Emprego e Contratação Laboral em Portugal – Uma Análise Socioeconómica e Jurídica*. Lisboa, EditoraRH.

Rebelo, G. (2004), "Novas tecnologias, flexibilidade e emprego". In *A Era da Competência – Um novo paradigma para a Gestão de Recursos Humanos e o Direito do Trabalho*. Lisboa, EditoraRH: 23-47.

Rebelo, G. (2010), "Por uma nova relação entre escola e empresa". *Cadernos de Economia* n.º 90, Jan./Mar., Ordem dos Economistas: 44-49.

Rebelo, G. (2011), "Estratégia Europa 2020 e Emprego". *O Economista – Anuário da Economia Portuguesa*, Ordem dos Economistas: 88-92.

Rebelo, G. (2017), "Trabalho e Economia Digital – Que desafios?" *Cadernos de Economia* n.º 119, Abr./Jun., Ordem dos Economistas: 46-52.

Rebelo, G. (2019a), "A educação como meio de assegurar uma sociedade menos desigual." *Cadernos de Economia* n.º 127, Abr./Jun., Ordem dos Economistas: 22-27.

Rebelo, G. (2019b), "Regulação Laboral e Desenvolvimento Sustentável". *Cadernos de Economia*, n.º 129, Out./Dez., Ordem dos Economistas: 30-35.

22. O TELETRABALHO E A REVISÃO DOS SISTEMAS ORGANIZACIONAIS[93]

22.1. A emergência de uma nova forma de organizar o trabalho

O actual meio laboral vive uma altura de reestruturação e de adaptação às alterações de regulação da actividade económica. O recurso generalizado às TIC nos locais de trabalho e os consequentes novos modos de produção, cada vez mais favorecidos pelo progresso tecnológico – que constituem uma resposta às novas necessidades do mercado – têm vindo a impor a necessidade de revisão dos sistemas organizacionais na nossa sociedade, favorecendo, entre outras, a emergência de novas formas de organizar o trabalho.

Nos últimos anos a emergência e a expansão do teletrabalho, enquanto forma de trabalho, deve-se principalmente a quatro factores indissociáveis desta dinâmica: o aperfeiçoamento da informática e das telecomunicações; a reorganização das empresas no sentido de subcontratar cada vez mais as actividades de trabalho periféricas; o crescimento do sector dos serviços (e da informática a ele aplicado); o desejo de as organizações criarem trabalho que procure a autonomia e a responsabilidade por parte dos seus trabalhadores.

O teletrabalho apresenta-se justamente como uma nova forma flexível de organizar o trabalho – inovadora em múltiplos aspectos pois permite a execução da prestação de trabalho mediante o recurso às TIC e à distância,

[93] Texto revisto e adaptado de artigo publicado na revista *Dirigir* n.º 90, Jan / Mar. 2005: 49-52.

ou seja, a partir de um lugar que não o local tradicional (a empresa) para um empregador ou um cliente (Rebelo, 2003; Rebelo, 2004b) – que considera a organização laboral como um local de desenvolvimento da polivalência e das competências (individuais e organizacionais) possibilitando a partilha de conhecimentos e também a criação de mecanismos de comunicação.

Num contexto nacional e internacional de fraca criação de emprego, o teletrabalho apresenta-se hoje como uma alternativa para a criação de emprego (Rebelo, 20015: 46-52). A importância do teletrabalho prende-se justamente com o facto de a sua característica principal ser a de – estabelecendo entre duas partes um conjunto de relações laborais à distância asseguradas por instrumentos informáticos e/ou de telecomunicações – representar um modo amplamente vantajoso quer para as empresas – pois pode permitir reduzir custos e, simultaneamente, aumentar a produtividade, quer para os trabalhadores – nomeadamente permitindo diminuir e/ou suprimir o tempo das deslocações, pela melhor gestão do horário de trabalho, e pelos eventuais aumentos dos níveis de satisfação profissional (Rebelo, 2017:46-52).

22.2. Os desafios do teletrabalho subordinado

De acordo com os dados da *European Telework Organization,* em 1998-1999 o teletrabalho representava no conjunto dos 15 países da União Europeia apenas 4,5% do emprego total. De referir que, de acordo com a mesma fonte, neste período já existiriam – incluindo-se aqui os teletrabalhadores independentes e os teletrabalhadores por conta de outrem – cerca de 100 mil teletrabalhadores em Portugal (Rebelo, 2003).

De acordo com os dados do Eurostat de 2018, a percentagem de pessoas na UE que, por vezes, trabalham a partir de casa aumentou de forma constante ao longo dos anos, passando de 7,7% em 2008 para 9,6% em 2017 (Eurostat, 2018).

De uma maneira geral o teletrabalho cria conexões entre o dinamismo das novas tecnologias e as novas práticas relacionadas com as mutações do emprego (economia global e deslocalização do trabalho), tendo deste modo a evolução das TIC criado uma nova capacidade para trabalhar, a nível espacial e a nível temporal. O teletrabalho tem levantado inúmeros problemas que se prendem, nomeadamente, com a dispersão física dos trabalhadores (a trabalhar a partir de locais tão diversos como o domicilio, um hotel, ou um comboio).

Colmatando uma lacuna do ordenamento português, e respondendo às tendências para a expansão desta forma de organizar o trabalho, o Código do Trabalho (aprovado pela Lei n.º 99/2003, de 27 de Agosto) consagrou expressamente a figura do teletrabalho enquanto forma contratual subordinada. E no plano jurídico, e entre muitos outros, suscita-se a reflexão sobre dois relevantes problemas relacionados com a forma como o teletrabalho é organizacionalmente exercida: em primeiro, a possibilidade da prestação de trabalho poder ser executada a partir do domicílio (do trabalhador ou do cliente) e, em segundo, o facto de poder ser reconhecida como trabalho subordinado juridicamente (Rebelo, 2004b: 71-87).

Muito embora o paradigma de contrato de trabalho tenha sido o "do trabalho prestado nas instalações da empresa", perante a emergência do teletrabalho, a criação de subtipos alternativos ao do trabalho executado nas instalações da empresa radica na necessidade de regular igualmente (pela própria dinâmica a que está sujeito o Direito do Trabalho) a actividade laboral desenvolvida em locais distintos da empresa. Daí que o legislador tenha acautelado no Código do Trabalho que, para se presumir prestação subordinada, é preciso que o trabalho seja realizado em local controlado pela empresa/empregador, respeitando um período normal de trabalho previamente definido. E, sendo assim, para tem sido discutida a possibilidade de no teletrabalho se defender que o novo princípio director em matéria de tempo de trabalho é o da "auto-regulamentação do tempo", ou seja, no sector de actividade, na empresa ou no estabelecimento, no seu âmbito colectivo ou, no limite, individual, considerar-se que o teletrabalhador – porque executa o trabalho à distância e por vezes a partir do domicílio – é agora "senhor da organização do seu tempo". Não obstante devermos considerar que – de acordo com o previsto no artigo 12.º do Código do Trabalho a prestação de actividade de teletrabalho presume-se subordinada quando o prestador de actividade observe horas de início e de termo da prestação, determinadas pelo beneficiário da mesma" (al. c) do artigo 12.º do CT).

Paralelamente, e a este propósito também, coloca-se muitas vezes também a questão da necessidade da avaliação do desempenho profissional do teletrabalhador (Rebelo, 2004b: 22-27). Será necessário criar mecanismos de reconhecimento formalizado na empresa daquilo que é a aprendizagem feita à distância (v.g., *e-learning*)? Parece-nos que só perante um mecanismo de avaliação da progressão do teletrabalhador, delineado de forma estratégica e previamente validado como tal pela empresa, se poderá garantir – assente no respeito pelo princípio da igualdade e não discriminação – as possibilidades de desenvolvimento da carreira de um teletrabalhador na empresa (consagrada no n.º 1 do artigo 169.º do Código do Trabalho).

22.3. Considerações finais

Embora o número de pessoas em teletrabalho tenha aumentado gradualmente ao longo dos anos (Eurostat, 2018), a pandemia Covid-19 sem dúvida acelerou este fenómeno. Durante a pandemia, o teletrabalho provou ser crucial para a manutenção da economia, embora seja reconhecido apenas pelos seguintes benefícios: redução do deslocações diárias; aumento da produtividade dos trabalhadores; maior equilíbrio entre trabalho e vida pessoal e familiar. Mas é preciso estar igualmente atento aos riscos que traz consigo, designadamente a tendência para o isolamento ou a perda de competências, que será essencial antecipar e prevenir.

Estes são, como já referimos, alguns dos desafiantes problemas que esta modalidade de contrato de trabalho e importante instrumento de gestão suscita, quer no plano do Direito do Trabalho quer no plano da Gestão de Recursos Humanos. Interessa, pois, estar atento a este tipo de contratação no mundo organizacional e que terá um forte impacto laboral – especialmente na ampliação das desigualdades – nesta nova era do trabalho digital.

Referências

Armstrong, N. J. F. (1999), "Flexible Work in the Virtual Workplace: Discourses and Implications of Teleworking". In Felstead, A. e Jewson, N. (ed.), *Global Trends in Flexible Labour*, Macmillan, Londres.

Eurofound (1997) *The Health and Safety Issues for Teleworkers in the European Union*, WP/97/29/EN, Eurofound,Dublin.

Eurostat (2018), *Working from home in the EU*. (disponível em https://ec.europa.eu/eurostat/web/products-eurostat-news/-/DDN-20180620-1)

Rebelo, G. (1999), "Acerca das novas formas de trabalho em Portugal – uma perspectiva sócio-organizacional e jurídica". *Organizações e Trabalho* n.º 21: 30-45.

Rebelo, G. (2001), "A flexibilidade no trabalho: as questões da redução do tempo de trabalho e do trabalho a tempo parcial". *Organizações e Trabalho* n.º 26: 31-40.

Rebelo, G. (2003a), "Empresas e utilização de novas tecnologias". *Sociedade e Trabalho* n.º 19/20: 105-120.

Rebelo, G. (2003b), *Emprego e Contratação Laboral em Portugal – Uma análise Socioeconómica e jurídica*. Lisboa, EditoraRH.

Rebelo, G. (2004a), "A emergência de uma nova figura organizacional e jurídica: o teletrabalho". *Sociedade e Trabalho* n.º 23/24: 37-46.

Rebelo, G. (2004b), *Teletrabalho e Privacidade – Contributos e Desafios para o Direito do Trabalho*. Lisboa, EditoraRH.

Rebelo, G. (2015), "Inovação e empregabilidade digital". *Cadernos de Economia* n.º 112, Ordem dos Economistas: 46-52.

Rebelo, G. (2017),"Trabalho e Economia Digital". *Cadernos de Economia* n.º 119, Ordem dos Economistas: 46-52.